**매출 최소화
이익 최대화**

옮긴이 아리프

낮에 직장에서 일을 하고 밤에 책을 읽는 평범한 직장인이다. 고민이 있으면 책에서 답을 찾으려
고 노력한다. 덕분에 많은 책을 읽을 수 있었고 번역까지 하게 되었다.

아리프(Arif)는 '현명하고 지혜롭다'라는 의미의 아랍어다. 현명하고 지혜롭게 살고 싶은 마음에
서 필명으로 쓰고 있다.

옮긴 책으로 《유튜버가 사라지는 미래》, 《2040 미래 예측》, 《망하지 않고 돈을 버는 15가지 방
법》이 있다.

매출 최소화 이익 최대화

초판 발행 2023년 6월 15일

지은이 기노시타 가쓰히사 **옮긴이** 아리프 **펴낸이** 이성용 **책디자인** 책돼지

펴낸곳 빈티지하우스 **주소** 서울시 마포구 성산로 154 4층 407호(성산동, 충영빌딩)

전화 02-355-2696 **팩스** 02-6442-2696 **이메일** vintagehouse_book@naver.com

등록 제 2017-000161호 (2017년 6월 15일) **ISBN** 979-11-89249-74-8 03320

어떤 상황에서도 흔들리지 않는 탄탄한 회사로 거듭나기

매출

매출 최소화
이익 최대화

이익

**이익률 29%
초효율
경영의 비밀**

기노시타 가쓰히사 지음
아라프 옮김

회사의 약점을 한눈에 파악하는

빈티지하우스
VINTAGE HOUSE

연매출 1,000억 원에 이익 1억 원의 A 회사

연매출 10억 원에 이익 1억 원의 B 회사

만약 당신이 경영자라면 어느 회사를 경영하고 싶은가?

이익은 두 회사 모두 1억 원이지만, A 회사의 매출은 B 회사와 비교해

100배나 더 크다. 따라서 매출액을 중요하게 생각하는 사람이라면

A 회사를 선호할지도 모른다.

하지만, 관점을 바꿔보면 A 회사가 100배 더 많은 일을 하고, 100배나

더 고생하고 있다고 할 수도 있다.

최종 이익이 같다면 100분의 1의 노력을 들여 효율적으로 이익을 낸

B 회사가 더 나은 회사가 아닐까?

매출 100배, 고생 100배.

회사를 경영하다 보면 늘 문제가 발생하지만, 문제는 매출에 비례하여 많아진다.

즉, 이익이 같다면 매출이 클수록 리스크가 더 커지는 것이다.

경영의 가장 큰 목적은 이윤을 창출하는 것이다.

이익은 기업이 사회에 얼마나 기여하고 있는지를 보여준다.

이익으로 직원들의 월급을 주고 세금을 내며, 사회와 국가를 위해 쓰인다.

이익이 있어야 회사 경영이 안정되고, 문제가 발생해도 회사가 무너지지 않는다.

경영자의 가장 큰 사명은 '영속적 경영'에 힘을 쏟는 것이다.

어떤 일에도 흔들리지 않는 탄탄한 회사를 만드는 것,

그러기 위해서는 가능한 한 문제와 리스크를 줄이는 경영에 힘을 써야 한다.

경기는 항상 호황과 불황을 반복한다. 자연재해와 전염병 등의 사고를 당할 가능성도 높다.

그래서 불황을 전제로 한 기업 만들기가 필요한 것이다.

경영자는 매출이 제로가 되더라도 모든 직원에게 급여를 지급하고,

임대료를 내고, 매일매일 안심하고 일을 할 수 있는 환경을 만들어야

한다. 회사의 몸집을 넘어서는 큰 투자를 하기 전에 무슨 일이 있어도
직원들을 지킬 수 있는 재무상태를 만들어야 한다.

내가 경영하는 '기타노다츠진코퍼레이션(北の達人コーポレーション)'은
매출 약 1,000억 원에 영업이익 약 290억 원(2020년 기준)을 기록하고
있다. 영업이익 290억 원의 회사도 흔치 않지만 업계 내에서
'영업이익률 29%'은 꽤 높은 편이라고 한다.
실제로 일본 증시에 상장된 전자상거래 기업 중에서는 가장 높은
영업이익률을 보이고 있다.
또한, 높은 이익률 때문에 "상품의 원가율이 낮은 것 아니냐?", "직원들의
급여가 낮기 때문이 아니냐?"라는 오해를 때때로 받기도 한다. 그러나
우리 회사의 높은 **원가율은 업계 표준의 2~3배** 달하며,
신입사원의 연봉은 일본에서 두 번째로 높은 수준이다.

나는 창업 이래로 지금까지 철저한 이익 중심의 경영을 해왔다.
2000년 당시 거주하던 오사카의 자택에서 홋카이도 특산물 인터넷
쇼핑몰 '홋카이도.co.jp'를 시작했다. 어느 정도 자리를 잡은 2002년
홋카이도로 건너가 '주식회사 홋카이도.co.jp'를 설립하고, 2009년
'기타노다츠진코퍼레이션'으로 상호를 변경하였다. 현재는 이후 설립한

화장품, 건강식품 자체 브랜드 '기타노카이테키코보(北の快適工房)'의
인터넷 판매가 주 업무이며 도쿄, 삿포로, 대만, 한국에 거점을 두고 있다.

이 책은 단돈 10만 원으로 시작한 사업이 매출 1,000억 원, 이익 290억
원의 기업으로 성장하게 된 비결, 특히 고수익 체질로 변하게 된 노하우를
최초로 공개하는 책이다.

내 생각은 간단하다. 이익으로 이어지지 않는 업무는 그만두거나 바꾸면
된다.

단, 그러기 위해서는 회사의 모든 활동이 이익으로 연결되는지 연결되지
않는지를 정확하게 파악할 필요가 있다.

그것이 **'5단계 이익관리'**라는 우리 회사만의 독자적인 기법이다.

나는 지난 20년 동안 매월 5단계 이익관리표를 보면서 업무 개선을 하고
고수익을 추구하는 강한 회사로 만들어 왔다.

이 책의 구성은 그림 1과 같다.

뜬구름을 잡는 탁상공론이 아니라 구체적인 노하우를 소개할 것이기
때문에, 당신이 잘 받아들인다면 당신의 회사도 고수익 체질로 바뀔 수
있다. 어떤 업종이든 회사가 대도시에 있든 지방에 있든 모두 실천이
가능하다.

그림1 이 책의 구성

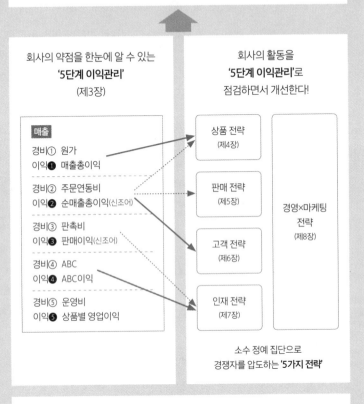

고수익 체질의 영속 기업, '무수입 수명'의 장기화

회사의 약점을 한눈에 알 수 있는
'5단계 이익관리'
(제3장)

회사의 활동을
'5단계 이익관리'로
점검하면서 개선한다!

매출

경비① 원가
이익❶ 매출총이익

경비② 주문연동비
이익❷ 순매출총이익(신조어)

경비③ 판촉비
이익❸ 판매이익(신조어)

경비④ ABC
이익❹ ABC이익

경비⑤ 운영비
이익❺ 상품별 영업이익

상품 전략
(제4장)

판매 전략
(제5장)

고객 전략
(제6장)

인재 전략
(제7장)

경영×마케팅
전략
(제8장)

소수 정예 집단으로
경쟁자를 압도하는 **'5가지 전략'**

매출보다 이익이 중요한 이유 (1장)
매출 지향에서 이익 지향으로 바꾸다 (2장)

이 책에는 총 44개의 그림이 포함되어 있는데, 그림은 본문의 이해를 위해 참고하는 것이 아니라 그림 자체에 독자적인 해설이 포함되어 있으니 그림 부문을 건너뛰지 말고 꼼꼼하게 읽어보길 바란다. 그렇게 하면 재미가 배가 될 것을 보장한다.

1장에서는 매출보다 이익이 왜 중요한지에 대해 설명한다.

많은 사람들이 코로나로 인해 사업을 지속한다는 것이 얼마나 어려운 것인지를 깨달았을 것이다. 우리 회사 역시 코로나로 큰 타격을 받았다. 우리 회사는 이러한 상황에 대비하여 **'무수입 수명'**을 늘리는 전략을 취해왔다.

무수입 수명이란 매출이 제로가 되더라도 경영을 유지할 수 있는 기간을 말한다. 임금 삭감이나 인력 감축 등의 비용절감 없이 모든 직원의 고용을 유지하고, 임대료를 지불하며, 그 사이 회사를 다시 바로잡는 것이다. 여기서는 **매출이 없어도 살아남을 수 있는 '무수입 수명'을 파악하는 방법**을 소개한다.

2장에서는 **매출 OS를 이익 OS로 바꾼다! 매출 최소화, 이익 최대화의 법칙**을 만난다.

매출은 비용을 많이 들이면 쉽게 올라간다. 1,000억 원의 매출을 올리고 싶다면 광고를 많이 하면 된다. 하지만 변화무쌍한 시대에 선행 투자로 매출이 올라가도 투자를 회수할 시점에 시장이 바뀌면 이익을 회수하지 못하는 경우가 종종 발생한다.

그렇기 때문에 매출과 이익을 함께 관리하는 경영방식을 채택하지 않으면 안 된다. 따라서 이번 코로나 사태처럼 위급한 상황에서도 흔들리지 않는 탄탄한 경영을 위해 **'매출을 낮춰서 이익을 늘리는'** **경영기법**도 소개하고자 한다.

또한, 회사를 이익 체질로 만들기 위해서는 모든 직원들이 이익 지향적이어야 한다. 그래서 내가 직접 직원들에게 실시하는 '무엇을 위해 이익을 내는가?'라는 교육을 생중계하듯 소개한다.

3장에서는 **회사의 약점을 한눈에 파악할 수 있는 '5단계 이익관리'**에 대해 설명한다.

나의 세미나를 통해 5단계 이익관리를 알게 된 사람들은

"이익에 기여하는 상품과 기여하지 않는 상품이 명확해졌다"

"사업부별로 5단계 이익관리를 시행한 결과, 어느 사업부가 잘하고 있는지를 알 수 있었다"

"지금까지 비용을 일괄적으로 생각했었는데, 눈앞이 캄캄해졌다"

라며, 흥분된 목소리로 이야기한다.

비용에는 이익에 기여하는 비용과 이익에 기여하지 않는 비용이 있다. 숨겨진 비용까지 찾아내 낭비되는 비용을 줄이는 것이 수익률을 높이는 방법이다.

4장에서는 **작은 시장에서 압승하는 상품 전략**을 소개한다.

매년매년 고품질의 상품으로 스테디셀러를 노리는 것이 비즈니스 모델의 주류가 되고 있지만, 우리 회사의 정기 구매(서브스크립션)에 의한 매출 비중은 거의 70퍼센트에 달한다. 이것이 우리 회사가 고수익을 창출하는 원천이 되고 있다.

5장에서는 **이익률 29%를 실현하기 위한 판매 전략**에 대해 알아본다.

판촉비를 들이면 매출은 올라간다. 그러나 너무 많은 판촉비를 지출하면 이익이 줄어든다. 그래서 'CPO(Cost Per Order : 주문 한 건을 얻기 위해 드는 비용)를 관리하는 방법'을 소개한다. 또한, **매출을 절반으로 줄이고 이익을 1.5배, 이익률을 3배로 늘리는 방법**에 대해 설명한다.

6장에서는 **팬들의 마음을 사로잡고 놓지 않는 고객 전략**을 소개한다.

'물건이 팔리는 것'과 '물건이 계속 팔리는 것'은 엄연히 다르다.

상품에 흥미를 보이는 사람에게만 접근하고, 한 번 구매한 고객과는

평생을 함께하는 '**엔카의 전략**'을 처음으로 공개한다.

7장에서는 **신입사원도 이익을 창출하는 인재 전략**에 대해 알아본다.

신입사원이나 미숙련자를 즉시 전력화할 수 있는 업무 시스템을 만드는

방법, 조직 전체에 비용 의식을 심어주는 '단 한 가지 방법'에 대해

소개한다.

지금까지 많은 사람들에게 받았던 질문인

"이렇게 작은 회사가 어떻게 시가총액 1조 원에 달하는가?"

"어떻게 젊은 직원들이 활기차게 일을 할 수 있는가?"

등에 대해서도 제대로 대답할 생각이다.

마지막 8장에서는 **매출 1조 원, 이익 3,000억 원을 실현하기 위한 전략**을

소개한다.

나는 사장 업무와 마케팅 책임자를 겸직하고 있다. 경영에 직결되는

마케팅을 하고, 마케팅 수치는 모두 경영 수치에 직결된다. 압도적인

데이터량, 각 온라인 광고매체의 알고리즘, 사용자 현황을 철저하게

분석하여 상품 개발과 효과적인 광고 홍보에 적용하고 있다. 최적화된

상품 개발과 광고 홍보가 양날개가 되어 지금까지 높은 수익을 창출해

왔다.

이 책은 나에게 있어서 첫 책이 된다.

이 책을 읽은 사람들이 10원이라도 더 이익을 내고 10원이라도 더 세금을 내어 이 사회의 발전에 도움이 되기를 바라며 집필을 했다. 그러기 위해서 우리 회사가 고수익을 올리는 비밀을 아낌없이 공개할 것을 여기에 약속한다.

기노시타 가쓰히사

목차

제1장

매출 제로에서도
살아남을 수 있는
무수입 수명이라는 개념

1

어떤 상황에서도 흔들리지 않는
탄탄한 회사로 거듭나기

**불황과 무관한
경영을 하는 3가지 방법**

2020년 4월 7일, 당시 정부는 코로나 바이러스의 감염 확대에 따라

도쿄, 가나가와, 사이타마, 지바, 오사카, 효고, 후쿠오카 7개 지역에

비상사태를 선포했다. 그리고 4월 16일 비상사태는 전국으로 대상이

확대되었다.

도쿄에서는 나이트클럽과 노래방 등 다양한 업종의 휴업과 영업시간 단축을 요구했다. 결국, 많은 기업들이 신종 코로나로 인해 어려움을 겪으며 쓰러지기 시작했다.

2020년 4월 11일, 나는 트위터에 장문의 트윗을 올렸다.

"이번 불황이 지금까지와 다른 점은 소비시장에서 일어나고 있다는 점이다.

과거의 불황을 되돌아보면 80~90년대 버블 붕괴는 부동산에 대한 과잉투자, IT 버블 붕괴는 IT에 대한 과잉투자, 리먼 쇼크는 서브프라임 모기지에 대한 과잉투자, 모두 투자시장에서 비롯되었다.

경제활동은 본래 B2C(기업과 소비자 간의 거래)의 소비시장이 기본이다. 소비시장을 뒷받침하기 위해 B2B(기업 간의 거래)라는 투자시장이 존재한다.

세상은 소비시장만으로는 성립되지만 투자시장만으로는 성립되지 않는다.

그러나 경제의 구조상 소비시장과는 별개로 투자시장만이 앞서서 성장하는 경우가 있다. 이것이 실물경제를 동반하지 않는 경제 발생의 원리이다. 투자시장의 가격이 너무 올라 소비시장의 가격이 '너무 비싸서 살 수 없는 가격'이 되는 단계에 도달하면 버블에 빠지게 된다. 그것이 지속되면 경제는 상승하지만, 어느 순간 정신을 차린 것처럼 일시에 가격이 하락하여 경기침체에 빠지게 된다. 과거 부동산 버블, IT 버블, 서브프라임 모기지의 붕괴는 모두 이런 패턴이었다.

그러므로 예측이 가능하다. 투자시장은 어디까지나 소비시장으로 보완시장이며, 투자시장에서 너무 오른 가격은 소비시장의 실수요 가격까지 떨어지며 마무리된다.

나는 23살 때 이 패턴을 알아차렸고, 그래서 버블과 같은 경제불황과 무관하게 사업을 할 수 있었다.

구체적으로 불황을 피하는 방법에는 세 가지가 있다.

① 소비시장에서 사업을 한다.

② 투자시장에 투자를 할 때는 투자시장의 시장 가격으로 생각하지 않고 소비시장에 대입하여 고가인지 저가인지를 판단한다.

(예를 들어, 광고에 투자할 때 '경쟁사의 CPO는 이 정도니까, 비용을 높여야 합니다' 등의 의견에는 전혀 귀를 기울이지 않는다. 스스로 적정 가격을 계산하고 투자 여부를 판단한다. →5장에서 구체적인 노하우를 소개하겠다.)

③ 차입에 의존하지 않고, 보유자금으로 사업을 한다.

(투자시장의 붕괴는 소비시장에서 사업을 하는 기업에게 영향을 미친다.

은행에서 돈을 빌리는 것이 어려워진다. 투자시장은 통상 10년에 한 번씩 붕괴한다. 이를 상정하여 '차입이 필요한 사업'은 하지 않는다.)

나 자신을 포함하여 인간은 어리석다.

같은 실패를 되풀이한다.

그러므로 경제는 실패를 반복한다는 사실을 전제로 하여 회사를 경영해야 한다.

지금까지와 달리 이번 코로나 불황은 '소비자가 물건이나 서비스를 사지 않음(살 수 없음)'으로 인해 경제가 돌아가지 않게 되었다.

따라서 앞서 언급한 불황 대책의 ①과 ②는 효과가 없었다. 그러나 ③에 대해서는 만능 불황 대책임을 뼈저리게 느꼈다.

희망의 불빛은 있다. 소비자의 실수요가 '사라진' 것이 아니다. 단지 '정체'되어 있을 뿐이다. 소비자의 실수요는 반드시 부활할 것이고, 부활할 때에는 반동으로 실수요가 더 커질지도 모른다. 그것이 언제가 될지는 모르지만, 그때까지 버티고 살아남은 기업은 부활 시에 독보적인 존재가 될 것이다.

보유한 자금이 충분한 기업은 이미 승자의 길을 걷고 있다. 보유한 자금이 없는 기업은 자금이 충분한 기업의 품에 안겨서 승자의 길에 편승하는 것도 한 방법이다. 그리고 그곳에서 '승자'의 방식을 배우는 것이다.

어떻게든 버티고 차입에 의존하지 않고 자신이 보유한 자금으로 운영할 수 있는 비즈니스 모델을 재구성하는 것이 중요하다.

무슨 수를 써서라도 살아남자.

그리고 이 불황을 통해 배우고, 이겨내서 어떤 상황에도 흔들리지 않는 탄탄한 회사, 그리고 나 자신으로 다시 태어나는 것이다"

이상이 당시 내가 남긴 트윗이었다.

이 트윗은 엄청난 반향을 일으켰고 취재와 강연 요청이 쇄도했다.

매출이 제로라도 현상 유지가 가능한 무수입 수명이란?

경영자의 가장 큰 임무는 회사를 망하지 않게 하는 것이다.

기업은 한시적인 것이 아니다. 미래에도 계속 사업을 지속하고 발전해 나간다. 이것이 '계속기업의 전제Going Concern'라고 불리는 사고방식이다.

앞서 언급했듯이 코로나 쇼크는 지금까지의 불황과 달리 B2C 시장에서 발생했다. 특수한 경우지만, 상품이 팔리지 않을 위험은 항상 존재한다.
나는 항상 그러한 상황에 대비해왔다.

그것은 **'무수입 수명'**을 늘리는 것이다.

무수입 수명이란 매출이 제로가 되어도 경영의 현상 유지가 가능한 기간을
의미하는 나의 신조어다.

현상 유지란 임금 삭감과 인원 감축과 같은 비용 절감 없이 모든 직원의
고용을 유지하고 임대료를 지불할 수 있는 것을 말한다.

무수입 수명은 쉽게 말해, 부채 등을 뺀 순수 보유자금으로 급여와
임대료 등의 월 고정비용을 몇 개월 동안 감당할 수 있는지를
말한다(자세한 계산 방법은 뒤에서 설명한다).

세상의 경기가 나빠졌을 때, 직원들은 "사장님, 우리 회사는
괜찮을까요?"라고 물을 때가 있다. 그때 나는

"단 1원도 입금되지 않아도 24개월 동안 모든 직원에게 월급을 지급할
수 있습니다. 임대료 역시 지불할 수 있습니다. 그동안 새로운 사업을
궤도에 올려놓읍시다"

라고 즉답한다.

이를 위해 항상 무수입 수명을 정확하게 파악하고, 조금씩 무수입
수명을 늘려나간다.

무수입 수명을 늘리는
4가지 생각

그렇다면 어떻게 하면 무수입 수명을 늘릴 수 있을까?

답은 다음 네 가지다.

첫 번째, 무수입 수명을 몇 개월로 할 것인지 목표를 정한다.

목표의 기준이 되는 것은 사업을 재건하는 데 걸리는 기간이다. 회사가

어떤 이유로 매출이 제로가 되었을 때, 몇 개월이면 다시 일어설 수

있을까?

매출이 제로가 된 이유에 따라 다르겠지만, 현재 사업을 지속할 수 없게

되면 또 다른 신규 사업을 시작하면 된다. 예상 사업 규모가 작으면

단기간에 부활할 수 있지만, 규모가 크면 오랜 시간이 걸린다.

이렇게 **몇 개월 안에 재기할 수 있을까**를 생각하여 무수익 수명의 목표를

정한다.

우리 회사의 경우, '무수입 수명은 24개월'이라고 정했다.

두 번째, 월 결산 시에 무수입 수명을 계산한다.

우리 회사의 경우, **관리회계 지표에 '무수입 수명'이라는 항목**이 있다. 이를

매월 결산에서 임원들과 공유하고 있다.

예를 들어, 월 고정비 1억 원의 회사가 무수입 수명 목표를 '12개월'로 정했다고 하자.

필요한 순보유자금은 12억 원이지만, 월별 결산 결과 순보유자금이 5억 원으로 나타났다. 즉, 목표치 대비 7억 원이 부족하다. 이를 임원진들과 공유하고 순보유자금을 늘리는 방법, 즉 이익을 적립할 수 있는 방법을 고민하는 것이다.

세 번째, 목표한 순보유자금을 모을 때까지 큰 투자를 하지 않고 꾸준히 적립한다.

많은 경영자들은 수중에 자금이 부족함에도 불구하고 다음 투자로 넘어가는 경우가 많다. 때문에 순보유자금이 적립되지 않는다.

우선은 꾸준히 적립하라. 매출을 올리기 위해 수익으로 이어지지 않는 투자를 하는 것이 가장 나쁜 방법이다. 이를 위해 3장에서는 수익으로 이어지지 않는 투자를 한눈에 알 수 있는 '5단계 이익관리'를 소개한다.

네 번째, 목표한 순보유자금이 모이면 안심하고 도전한다.

경영자는 순보유자금이 있느냐 없느냐에 따라 도전할 때의 마음가짐이 달라진다.

회사의 혈액(돈)이 날마다 빚으로 돌아가고 있는 사장은 항상 불안하다.

나는 '매출이 제로가 되어도 24개월은 괜찮다'고 무수입 수명을 축으로

삼아 경영을 하고 있기 때문에 항상 정신 상태가 안정되어 있다.

마쓰시타식 댐 경영과
무수입 수명의 관계

무수입 수명이라는 개념은 가계를 책임지는 사람의 입장에서

생각해보면 어쩌면 당연한 일이다.

근로자가 어떤 이유로 실직하고 말았다. 갑자기 다니던 회사가

망해버렸다.

이러한 사태에 대비하여 비상 생활비를 모으고 있을 것이다.

4인 가족의 월평균 생활비를 월세 포함하여 400만 원 정도라고 했을

때, 예적금이 4,000만 원이라면 무수입 수명은 '10개월'이 된다. 반면

예적금이 거의 없는 상태(무수입 수명 1개월 등)라면 빚을 내서 주택이나

자동차를 사지는 않을 것이다.

하지만, 회사에서는 아무렇지도 않게 이러한 결정을 한다.

많은 경영자들이 '매출을 올리기 위해서는 투자가 필요하다'고 생각하며,

수중에 자금이 없는데도 은행 등에서 대출을 받아 설비투자를 한다.

가계에서는 절대로 하지 않을 결정을 회사에서 하는 것은 '경영에는 돈이

든다', '투자가 필요하다'는 생각이 있기 때문인지도 모르겠다.

또한, 많은 경영자들이 재고와 같은 재고자산을 적절히 처분을 하지

못한다.

재고자산이 있으면 손익계산서 상으로는 수익이 나는 것처럼 보인다.

수익이 나는 것처럼 보이지 않으면 은행에서 대출을 받을 수 없기

때문이다.

애초에 은행에서 돈을 빌릴 생각이 없다면, 그럴 필요가 없다.

악순환인 것이다.

수중에 자금이 없는데도 대출을 받아 투자를 하는 것이 과연 '영속적

경영'일까?

무수익 수명을 늘리겠다는 생각은 파나소닉의 창업자 마쓰시타

고노스케가 말하는 '댐 경영'과 일맥상통한다. 마쓰시타는 한 강연에서

이렇게 말했다.

"경기가 좋다고 흘러가는 대로 경영하는 것이 아니라, 경기가 나빠질

때를 대비하여 자금을 비축해둬야 한다. **댐이 물을 저장해놓고 유량을**

안정시키는 것과 같은 경영을 해야 한다"(1965년 2월 강연)

그때 청중 한 사람이,

"댐 경영의 중요성을 알겠는데, 그 방법을 모르기 때문에 어려움을 겪고

있습니다"

라고 물었다. 마쓰시타는

"우선은 댐을 만들 생각을 하는 것이 중요합니다"

라고 대답했다. 이에 청중들은 낙담하거나 서로 마주보며 쓴웃음을

지었다고 한다.

그러나 '이 생각을 했기 때문에 대기업이 된 것이다'라고 깨닫고 실천한

사람이 있었다.

교세라, KDDI를 창업하고 일본항공의 경영을 재건한 이나모리 가즈오가

바로 그 사람이다.

무수입 수명
정확하게 계산하기

정확한 무수입 수명은 대차대조표가 있으면 쉽게 계산할 수 있다.

일단 엑셀 등으로 계산표를 만들고, 회계담당자가 숫자를 입력하면

자동으로 정확한 수치가 산출된다. 무수명 수명의 계산식은 다음과
같다.

> **무수입 수명 = 순보유자금 ÷ 월 고정비** (그림 2의 왼쪽)

먼저, **'순보유자금'은 순수한 보유자금과 장기부채**이다.

대차대조표는 크게 세 가지 영역으로 나뉜다. '자산 부분', '부채 부분',
'자본 부분'이다.

여기서 주의해야 할 것은 대차대조표의 '유동자산' 상단에 있는

'현금예금'에는 부채도 포함되어 있기 때문에

'보유자금 = 순보유자금'이라고 할 수 없다는 것이다.

또한 '순자산'에는 토지, 건물 등 즉시 현금화할 수 없는 고정자산이

포함되어 있기 때문에, 이 또한 '순보유자금'이라고 할 수 없다.

상품 재고와 같은 **재고자산**도 판매가 멈추면 바로 현금화할 수 없다.

외상매입금, 단기차입금 등 **유동부채**는 상환의무가 있다.

따라서 고정자산, 재고자산, 유동부채도 '순보유자금'이라고 할 수 없다.

결국 '순보유자금'은 '총자산'에서 '고정자산', '재고자산', '유동부채' 세
가지를 뺀 것이 된다.

그림 2 '무수입 수명'이란?

'무수입 수명'이란?

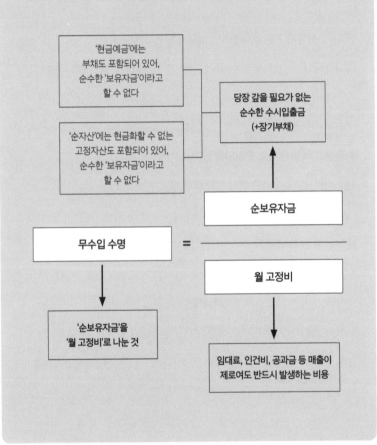

'현금예금'에는
부채도 포함되어 있어,
순수한 '보유자금'이라고
할 수 없다

'순자산'에는 현금화할 수 없는
고정자산도 포함되어 있어,
순수한 '보유자금'이라고
할 수 없다

당장 갚을 필요가 없는
순수한 수시입출금
(+장기부채)

순보유자금

무수입 수명 = ──────────
월 고정비

'순보유자금'을
'월 고정비'로 나눈 것

임대료, 인건비, 공과금 등 매출이
제로여도 반드시 발생하는 비용

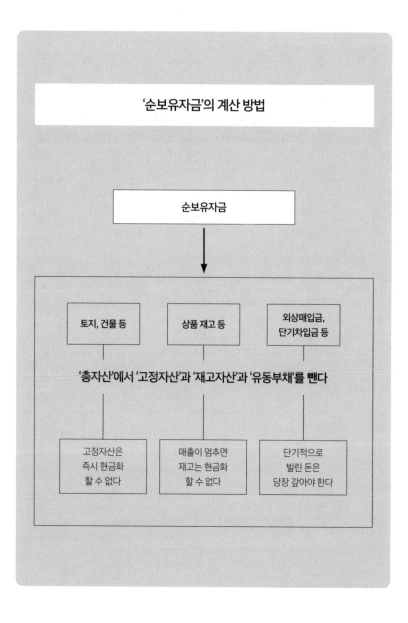

'순보유자금'의 계산 방법

순보유자금

| 토지, 건물 등 | 상품 재고 등 | 외상매입금,
단기차입금 등 |

'총자산'에서 '고정자산'과 '재고자산'과 '유동부채'를 뺀다

| 고정자산은
즉시 현금화
할 수 없다 | 매출이 멈추면
재고는 현금화
할 수 없다 | 단기적으로
빌린 돈은
당장 갚아야 한다 |

그림 3 '순보유자금'이란?

(만 원)

총자산			총자본		
유동자산	현금예금	100,000	**유동부채**	외상매입금	20,000
	수취어음	20,000		지불어음	30,000
	외상매출금	30,000		단기차입금	20,000
	유가증권	20,000	**고정부채**	장기차입금	200,000
	재고자산	30,000		사채	10,000
고정자산	토지	200,000	**자본**	자본금	50,000
	건물	150,000		자본준비금	50,000
	기계	10,000		이익잉여금	180,000
560,000			**560,000**		

순보유자금

=

총자산 - 고정자산 - 재고자산 - 유동부채

(만 원)

총자산			총자본		
유동자산	현금예금	100,000	유동부채	외상매입금	-20,000
	수취어음	20,000		지불어음	-30,000
	외상매출금	30,000		단기차입금	-20,000
	유가증권	20,000	고정부채	장기차입금	200,000
	재고자산	-30,000		사채	10,000
고정자산	토지	-200,000	자본	자본금	50,000
	건물	-150,000		자본준비금	50,000
	기계	-10,000		이익잉여금	180,000
	560,000			560,000	

총자산 - 고정자산 - 재고자산 - 유동부채
56억 원 - 36억 원 - 3억 원 - 7억 원

=

순보유자금 = 10억 원
월 고정비가 1억 원이라면, 무수입 수명은 10개월

순보유자금 = 총자산 - 고정자산 - 재고자산 - 유동부채 (그림 2의 오른쪽)

이 '순보유자금'을 임대료, 인건비, 공과금 등 매출이 없어도 매달 반드시

발생하는 비용인 '월 고정비'로 나누면 무수입 수명을 계산할 수 있다.

그림 3의 왼쪽을 봐주길 바란다.

총자산(총자본)이 56억 원인 회사가 있다고 가정해 보자.

여기서 고정자산(토지, 건물, 기계) 36억 원, 재고자산(재고) 3억 원,

유동부채(외상매입금, 단기차입금, 어음) 7억 원을 뺀다(그림 3의 오른쪽).

총자산 56억 원 - 고정자산 36억 원 - 재고자산 3억 원
- 유동부채 7억 원 = 순보유자금 10억 원

따라서 순보유자금은 10억 원이라는 것을 알 수 있다.

다음으로 월 고정비는 어떨까?

월 고정비란 임대료, 인건비, 공과금 등 매출이 제로여도 매달 반드시

발생하는 비용이다.

이 회사의 월 고정비가 1억 원이라고 하면,

> **순보유자금 10억 원 ÷ 월 고정비 1억 원 = 무수입 수명 10개월**

무수입 수명은 10개월로 계산된다.

만약 불황이 닥쳐서 직원들이 "우리 회사는 괜찮을까요?"라고 묻는다면

"매출이 0원이라도 10개월 동안은 전 직원에게 월급을 줄 수 있다.

그동안 대책을 세우자"라고 대답할 수 있을 것이다.

무수입 수명 목표를
달성하기 위한 비법

한 회사의 월 고정비는 1억 원이었고, 무수입 수명의 목표는

24개월이었다.

따라서 필요한 순보유자금은 24억 원이지만, 현재 순보유자금은 10억

원으로 목표까지 약 14억 원이 부족하다.

이를 위해서는 회사를 흑자구조로 바꾸고, 이익을 적립해나가는 것이

최선이다.

다만, 이때 목표를 빠르게 달성하기 위한 하나의 비법이 있다.

그것은 나머지 14억 원을 은행에서 **'장기차입금'**으로 빌리는 것이다.

그리고 중요한 것은 **절대로 쓰지 않는 것**이다.

지금부터 조금씩 이야기하겠지만, 나는 창업 이래로 지금까지

자기자본만으로 경영을 해왔다. 은행 대출을 기본적으로 받고 있지

않다.

하지만, 단 한 번 은행 대출을 받은 적이 있다.

이는 목표로 하는 무수입 수명을 달성하기 위해서였다.

우리 회사의 목표인 '무수입 수명 24개월'에 도달하지 못한 시점에 30억

원을 대출받아 목표를 달성했다. 이를 통해 순보유자금을 늘리고, 매달

수익을 그대로 상환에 충당했다.

현재는 상환을 모두 마치고 자체 자금으로 24개월의 무수입 수명을

유지하고 있다.

앞서 말한 회사의 경우, 이익을 쌓아 14억 원을 모으는 것이 최선이다.

그러나 적립하기까지는 시간이 걸린다. 목표와의 차액인 14억 원을 매월

이익 5,000만 원씩을 모아도 28개월이나 걸린다. 그렇게 되면 28개월

동안 계속 불안한 나날을 보내게 된다.

그래서 우선 14억 원을 차입하여 일시적으로 목표를 달성한다. 그리고

매달 5,000만 원씩 이익에서 상환하고, 28개월 후에 이 14억 원을

자기자본으로 전환한다.

이렇게 하면 만약 28개월이 지나기 전에 사고가 발생하더라도, 무수익

수명을 유지할 수 있는 자금을 확보할 수 있다.

물론 차입금에는 이자가 붙지만, '안심할 수 있는 비용'이라고 생각하면

싼 편이다.

그만큼 내 입장에서는 무수익 수명 목표를 달성하는 것이 높은

우선순위를 차지하고 있다. 그래서 우리 회사의 관리회계 지표에

포함되어 있는 것이다.

매출이 제로가 되어도 직원들에게 월급을 주고, 임대료를 지불하고,

매일매일 안심하고 일할 수 있는 상황을 유지하는 것은 경영자의

책무이다. 회사의 몸집을 넘어서는 큰 투자를 하기 전에, 무슨 일이

발생하더라도 직원들을 지킬 수 있는 재무상황을 만들어야 한다.

경영자에게 무수입 수명에 대해 질문하면 "한 달 정도밖에 안 된다"라고

말하는 사람이 있다. 그러면 매출이 제로가 되면 그대로 망하게 된다.

기업을 경영하다 보면 사고는 늘 따르기 마련이다. 회사의 과실뿐만

아니라 재해나 전염병의 영향을 받을 수도 있다. 무수입 수명의 목표를

달성하면 경영자의 정신적인 안정 정도가 달라진다.

나는 무수입 수명이라는 생각을 창업 첫해부터 가지고 있었다.

현금 베이스로 경영을 하다 보면, 수중에 자금이 떨어지면 금방 망한다.

물론 창업 초기에는 좀처럼 수익이 오르지 않았고, 수중에 보유한

자금은 미미했다. 그래도 마쓰시타의 말처럼 '댐을 만들자'는 의식을

가지고 보유자금을 조금씩 늘려나갔다.

일부 기업 재무 분석가들은 우리 회사에 현금 예치금이 많다는 것을

알고, M&A로 다른 회사를 인수하려는 것으로 생각했다고 한다. 나중에

무수입 수명 때문이었다는 사실을 알고 깜짝 놀랐다고 한다.

어느 은행의 영업사원으로부터는

"귀사의 대차대조표를 보니 현금예금이 많이 쌓여 있네요"

"잉여금도 많이 있고요"

등의 지적을 받은 적이 있다. 그 후로는

"현금예금이 많이 있다는 것은 새로운 방향을 모색하지 않고 있다는

증거입니다"

"돈을 적극적으로 활용해야 합니다. 이 주식에 투자하는 것은

어떨까요?"

"새로운 회사를 인수하는 것은 어떨까요?"

"설비투자를 더 많이 하시죠, 이런 물건이 있는데……"

등의 어떤 의미에서 '상승 지향적'인 제안을 해온다. 그래서 많은
경영자들이 매출 지향적이 되고 '현금을 쌓아두는 것을 악'처럼 느끼는
것 같다.

경영자의 입장에서 보면, 회사를 위기에서 구할 수 있는 것은
현금예금밖에 없다. 현금을 가지고 있으면 적자가 날 때를 대비하여
어떤 문제나 사고에도 대처할 수 있다. 설비투자가 필요할 때도
현금으로 살 수 있다.
대출을 받아 대형 설비투자를 하면 회사가 사고를 접했을 때 대응력이
크게 떨어진다는 것을 염두에 둘 필요가 있다.

2

보유자금 0원에서
출발

중학교 3학년 사회 수업에서 배운
회사 만드는 법

나는 어렸을 때부터 경영자가 되는 것이 꿈이었다.

초등학교 저학년 시절, TV 애니메이션을 보고 주인공의 집이 부자인

것은 주인공의 아버지가 자동차회사 사장이기 때문이라는 것을 알았기

때문이다. 하지만 당시에는 '사장이 될 수 있는 것은 사장의 자녀' 혹은

'회사에 취직해서 출세하는 것'뿐이라고 생각했다.

중학교 3학년 사회 수업에서 '회사는 자본과 노동력만 있으면 누구나 만들 수 있기 때문에 직접 회사를 만들어 사장이 되는 방법도 있다'는 것을 알게 되었다.

충격이었다.

집에 돌아와 아버지에게 그 이야기를 했다. 당연히 아버지는 알고 계셨다. 나는 '누구나 사장이 되고 싶을 것'이라고 생각했기 때문에, 이 사실을 알고 계시면서 회사를 만들지 않는 아버지는 '언젠가 만들어야지 생각하면서 아직 행동으로 옮기지 않았을 뿐이야'라고 생각했다(사실 아버지에게는 그런 성향이 없었다).

'사람은 무언가를 하려고 생각하다가도 결국 안 하게 되는 법이다. 여름방학 숙제도 언젠가 해야겠다고 생각하다가 마지막 날이 되어버린다. 하려고 생각했을 때 행동을 시작해야 한다'는 의식이 그때부터 싹트기 시작했다.

대학생이 되어 본격적으로 사업을 하고 싶다는 생각에, 창업 마인드가 높은 사람들이 모여있던 '주식회사 료마'라는 학생 기업에 들어갔다. 사카모토 료마에 대한 존경심에서 이름을 따온 '주식회사 료마'는 대학가 주변의 정보를 소개하는 정보지로 유명했지만, 그것은 일의 일부였고 당시 나는 대형 광고대행사에서 들어오는 안건에 대한 기획서나 제안서를 작성하고 있었다. 매일 정장을 입고 출근하고 중간에 수업을 듣고 다시 회사로 돌아가는 생활을 하고 있었다.

당시 '주식회사 료마'에는 20~30명의 대학생이 있었다. 현재는 대부분 경영자가 되었고, 그중 절반 정도는 상장기업의 경영자이다. 지금도 정기적인 모임을 갖고 있는데 만날 때마다 좋은 자극을 받고 있다.

'주식회사 료마' 출신들은 대학을 졸업하면서 직접 창업을 하거나 리크루트와 같이 창업가를 많이 배출하는 기업에 취직하여 경험을 쌓은 후에 창업을 목표로 하는 두 가지 흐름이 있었다.

나는 일반기업에서 경험을 쌓고 싶어서 리크루트를 선택했다.

당시에는 아직 인터넷이 널리 보급되지 않았지만, 머지않은 미래에 디지털화의 물결이 일어나 전 세계가 멀티미디어로 연결될 것이라고 상상하고 있었다. 앞으로는 콘텐츠 사업과 통신판매 사업이 확대될 것이라 생각하고, 어느 길로 나아가야 할지 고민하다가 리크루트에서 콘텐츠 비즈니스를 배우는 길을 선택했다.

인터넷 쇼핑몰을 창업한
3가지 이유

리크루트에 입사하고 5년이 지났을 무렵, 인터넷이 무서운 속도로

보급되기 시작했다. '좋아! 창업할 타이밍이 왔어'라고 생각했다.

내가 최종적으로 인터넷 쇼핑몰을 선택한 데는 세 가지 이유가 있었다.

첫 번째, 인터넷 비즈니스라는 점

인터넷의 등장은 그야말로 혁명이었다. 가상공간이 생기고, 세상의

구조가 리셋되는 것이었다. 높은 곳으로 올라서기에는 그야말로 절호의

사업기회라고 느꼈다.

두 번째, B2C라는 점

B2C를 선택한 이유는 경기의 영향을 덜 받는다는 점이었다.

리크루트에서 B2B 영업을 할 때, 나는 'B2B에서 움직이는 것은 소비가

아니라 투자의 돈'이라고 생각했다.

기업들이 구인광고를 내는 이유는 무엇일까? 새로운 사람을 채용하고,

새로운 인재를 통해 더 많은 돈을 벌기 위해서이다. 즉, 투자이다.

투자자금은 불황기에 돌아가지 않는다. 아무리 좋은 구인구직 매체를

만들어도 수요가 없으면 팔리지 않는다.

B2B는 경기의 파도에 쉽게 흔들린다. 결국 리크루트는 버블 붕괴로

막대한 빚을 지고 대형 유통기업 다이에에 인수되었다.

당시 다이에는 '세이빙'이라는 PB Private Brand 상품을 히트시키고 있었다.

B2B에서는 수익률을 계산할 수 없으면 투자하지 않지만, B2C에서는

'좋은 상품만 만들면 팔린다'는 점에서 경기의 영향을 덜 받는다.

세 번째, 실물 판매라는 점

같은 B2C라도 인터넷에서 완결되는 콘텐츠 비즈니스와 실제 상품을

판매하는 비즈니스라는 선택지가 있었는데 나는 후자를 선택했다.

창업 당시인 2000년경에는 인터넷 사용이 법으로 규제될 가능성도 전혀

없지 않았다. 또한, 현재의 기술이 완전히 바뀔 가능성도 있었다.

이러한 영향을 받지 않기 위해서는 수익화 부분은 실물 상품을

개입시키는 것이 더 안전하다고 생각했다. 이 경우 급격한 환경 변화가

발생하더라도 신문이나 카탈로그와 같은 다른 매체를 활용한 쇼핑몰로

대체할 수 있다.

홋카이도 특산품을
취급하게 된 이유

이렇게 해서 2000년, 오사카의 자택에서 홋카이도 특산품의 인터넷

쇼핑몰인 '홋카이도.co.jp'를 창업했다.

고베에서 태어나 고베에서 자란 내가 홋카이도 특산품을 취급하기로 한

이유는 세 가지가 있었다.

하나는 순전히 '홋카이도를 좋아한다'는 것이다. 인기 드라마

〈북쪽 나라에서〉의 영향으로, 그때까지 20번 정도 홋카이도를

여행했었다. 홋카이도와 관련된 일이라면 평생 할 수 있을 것 같았다.

또 하나는 홋카이도의 특산품이 다른 지방의 특산품에 비해 압도적인

경쟁력이 있다는 것이다. 게, 성게, 멜론, 명란젓, 옥수수, 징기스칸, 햄,

치즈, 소시지, 라멘 등 종류도 다양하다. 다른 지방의 특산품 수보다

홋카이도의 특산품이 더 많다.

아마존의 창업자 제프 베조스는 취급 상품을 다양하게 검토한 결과,

최종적으로 책을 주력 상품으로 삼았다고 한다. 나도 무언가에 특화해야

한다고 생각했고, 홋카이도 특산품을 선택했다.

그리고 마지막으로 홋카이도가 세계적으로 지명도가 높다는 것이다.

향후 해외에 진출할 때 홋카이도의 이미지는 압도적인 강점이 될

것이라고 생각했다.

자본금 10만 원,
PC 1대로 시작

자본금 10만 원으로 합자회사를 만들고, PC 1대를 풀가동하여 거래처를
찾았다. 홋카이도의 100개 업체에 개별적으로 전화를 걸었지만
"인터넷으로 물건을 사는 사람은 없다", "실적이 없는 회사와 거래할 수
없다"라는 식으로 거의 문전박대를 받았다.
당시에는 인터넷 쇼핑몰의 성공 사례가 없었고, 인터넷으로 한 달에
1,000만 원의 매출을 올리면 성공한 사람으로 책을 쓸 수 있는 시대였다.

그러던 중 기적적으로 미팅이 잡혀서 홋카이도로 출장을 가게 되었다.
한 회사 한 회사를 돌아다니며,
"저는 반드시 성공할 것입니다. 왜냐하면 성공할 때까지 멈추지 않을
것이기 때문입니다"
라고 선언했다. 그 결과, 4개 업체에서 도매를 받게 되었다.
게, 햄·소시지, 유제품, 어묵 등의 회사였다.

우선, 직접 쇼핑몰 사이트를 만들었다. 고객으로부터 주문을 받고,
그것을 거래처에 팩스로 주문하고, 상품을 고객에게 직접 보내달라고
한다. 고객이 입금한 후 각 업체에 지불한다. 선입금이었기 때문에
자금이 필요 없었다.

이 방식이라면 무자본으로도 시작할 수 있었다.

1년이 지나자 월매출은 1,000만 원이 되었다. 그러나 여러 가지 경비가
많이 들어갔다. 처음 2년 동안은 월급도 받지 않고 집에서 운영했다.
아르바이트생 몇 명에게 월급을 주면 내 월급을 줄 수 없었다.

사기로
전 재산을 잃다!

창업한 지 1년 반이 지났다. 그 무렵에는 '홋카이도', '특산품'으로 검색을
하면 우리 쇼핑몰이 상위에 노출되기 시작했고, 다른 회사에서도 "우리
물건도 도매로 거래해달라"는 연락이 오기 시작했다.

자체적으로 상품을 제조하지 않고 홋카이도의 거래처에서 구매하여
전국으로 판매하는 것이기 때문에 B2B를 해도 약간의 수수료가 들어갈
뿐이다. 애초에는 B2B를 할 생각이 없었는데, 여기서 욕심이 생겼다.

한 업체로부터 "1,200만 원어치 상품을 구입하고 싶다"는 주문을 듣고
마음이 흔들렸다.

물론, 매입 사기의 가능성도 충분히 의심했다. 등본을 떼어보니, 회사
연혁이 오래된 회사였다. 회사를 찾아가보니 직원들도 많이 있었다.
의심할 여지가 없었다.

거래 물품은 게였다. 납품 후에 그 회사를 찾아가니.

"지금까지 여러 곳에서 구입해봤지만, 당신네 게가 제일 맛있더라.
그러니 한 번 더 부탁할게"

라는 말을 듣고 미소가 귀에 걸렸다. 게다가,

"그건 그렇고, 이 가격으로 제대로 이윤이나 남기겠어? 괜찮아?"

하고 나를 배려하는 모습까지 보였기에 '이 사람, 정말 좋은
사람이구나'라고 생각했다.

그런데 입금일에 입금이 없었다!

서둘러 회사를 찾아가니 "부도났습니다"라는 안내문이 붙어 있었다.

"문의는 이쪽 변호사 사무실로"라고 적혀 있어 바로 전화를 걸었더니,

"저희 사무실은 이 건을 담당하고 있지 않습니다"라는 것 아닌가.

어찌할 도리가 없었다.

나중에 알게 된 사실이지만, 매입 사기 전문가들은 오래된 휴업 회사를

사들여 회사의 연혁이 오래된 것으로 꾸민다고 한다. 그 회사는

요코하마에서 창업했지만, 창업 당시와는 위치도 사업 내용도 전혀

달랐다. 지금 생각해보면 사무실 집기들도 언제든 이사하기 쉬운 간이

집기들이었다. 많은 종이 상자들이 있었고, 취급하는 상품 카테고리도

제각각이었다.

무수입 수명 0개월과
무일푼으로 재출발

창업 1년 6개월만에 겨우겨우 모은 1,200만 원이 통째로 날아가 버렸다.

공교롭게도 사기를 당한 금액과 수중에 있던 자금이 같은 액수였다.

1,200만 원어치 게를 사서 1,800만 원에 팔았는데, 입금이 되지 않았다.

거래처에 결제를 해야 했고, 수중에 있던 1,200만 원으로 지불할 수밖에

없었다. 남은 돈은 0원이 되었다.

주위 사람들로부터 걱정을 받았지만, 나는 의외로 후련했다.

'마이너스가 된 것도 아니고, 빚을 진 것도 아니다. 지금부터 창업을 한

것으로 치자. 그리고 나중에 성공했을 때, 이 에피소드를 책을 쓸 때나

강연 소재로 사용하자'

보유자금은 0원이 되었지만, 1년 반 동안의 경험치, 거래처, 고객

리스트도 있다.

경영을 하다 보면 불황과 곤경에 빠지게 된다.

이것은 100% 틀림없다.

회사가 커지고 나서 전 재산을 잃으면 그 여파가 엄청나지만, 이 정도

규모라면 아직 회복할 수 있다. 장기적으로 봤을 때, 이 시점에 이런

경험을 할 수 있는 것은 운이 좋은 것이다.

무일푼으로 재출발. 무수익 수명은 '0개월'이었다.

제2장

매출 OS를 이익 OS로 바꾼다!
매출 최소화,
이익 최대화의 법칙

1

매출과 이익을
세트로 관리하는 사고법

매출은 늘어가는데
이익이 늘어나지 않는 이유

창업한 지 벌써 20년의 세월이 흘렀다.

우리 회사는 매출 1,000억 원에 영업이익 290억 원을 기록하고 있다.

많은 회사들의 평균 이익률이 3% 정도인 반면, 우리 회사의 이익률은

29%에 육박한다.

직원 수가 적기 때문에 직원 1인당 이익률도 높다.

도쿄증권거래소 1부 상장기업 평균 직원 수는 약 7,300명으로 직원

1인당 이익은 약 3,030만 원이다. 우리 회사의 직원은 125명이므로 직원

1인당 이익은 2억 3,320만 원이다. 다른 상장기업 평균과 비교해

직원 1인당 약 7.7배의 이익을 내고 있는 셈이다.

많은 사람들이 매출이 1,000억 원에 이른 것에 주목한다.

하지만 나는 이익이 290억 원이나 나온 것에 의미가 있다고 생각한다.

일반적으로 매출은 많으면 많을수록 좋다고 한다. 그래서 많은

경영자들이 매출을 극대화하려고 노력한다.

또한, 경영자들은 자신의 회사를 크게 보이고 싶어한다. 회사의 규모를

보여주는 대표적인 숫자가 매출과 직원 수이다.

매출을 올리는 것은 나쁜 것이 아니다.

매출이 오르고 이익도 오르면 문제가 없다.

그러나 **매출이 올라간다고 해서 단순히 이익도 올라가는 것은 아니다.**

이익이 총액으로 흑자를 보이고 있더라도 수주별, 상품별로 보면 적자가

포함되는 경우가 많다. 매출을 쫓는 회사는 한 수주, 한 상품이 적자라도

다른 수주에서 크게 흑자를 내면 전체적으로 수익성이 맞는다고

생각한다.

그러나 애초에 적자 수주가 없으면 어떻게 될까?

적자 상품을 취급하지 않으면 어떻게 되는가.

수주를 하지 않으니 매출은 떨어진다. 하지만 **이익은 늘어난다.**

2000년경, 대부분의 인터넷 쇼핑몰은 매출이 증가해도 이익이 나지

않았다. 이익은 나중에 따라오는 것으로 여겨졌기 때문이다.

하지만 인터넷 비즈니스는 속도가 빠르다. 적자를 내면서 시장점유율을

확보하고, 나중에 자금을 회수하는 비즈니스 모델이 통하지 않는다.

예를 들어, 광고 투자를 통해 점유율 확대를 노렸다고 하자.

광고를 집행하면 순간적으로 매출은 오르지만, 큰 비용으로 인해 적자가

난다. 그 후, 광고를 중단하고 점유율 1위의 이점을 살려 투자금을

회수하려고 한다. 하지만 그 단계에서 경쟁사가 진입하여 시장을 단숨에

빼앗아 간다. 투자금을 회수하지 못한 채 파산하는 것이다.

지금까지 그런 회사를 수없이 봐왔다.

인터넷 비즈니스는 충실하게 이익을 회수해야 한다. 지금도 그 생각에

변함이 없다.

변화가 빠른 요즘 같은 시대에는 선행 투자로 매출이 올라와도 투자금을

회수할 시기에 시장이 급변하여 이익을 회수하지 못하는 사례가 빈번하게 발생하고 있다. 그렇기 때문에 **매출과 이익을 세트로 함께 관리하는 경영방식**이 필요하다.

나는 창업 당시부터 매출을 상품마다 개별적으로 살펴보고, 어떤 상품의 매출이 얼마나 이익으로 연결되는지를 생각했다. 상품마다 원가와 판매하기까지 걸리는 시간, 경비가 다르기 때문이다.

같은 이익이라면
매출은 적은 편이 좋다

그림 4를 봐주길 바란다.

A 회사

매출 1,000억 원 - 원가 및 판관비 970억 원 = 이익(영업이익) 30억 원

＊영업이익률 3%

B 회사

매출 100억 원 - 원가 및 판관비 70억 원 = 이익(영업이익) 30억 원

＊영업이익률 30%

일반적으로 매출이 많을수록 '좋은 회사'로 여겨진다.

그래서 A 회사가 더 좋은 회사라고 생각할 것이다. 하지만 A 회사도 B 회사도 이익은 모두 30억 원이다.

주목하고 싶은 것은 30억 원의 이익을 내기 위해 **얼마나 많은 비용을 들였는가** 하는 것이다. 앞의 계산식으로 말하자면, 원가 및 판관비 부분이다.

이익(영업이익)은 다음과 같이 산출된다.

> **이익(영업이익) = 매출 - 원가 - 판매관리비(판관비)**

영업이익 30억 원을 올리기 위해 A 회사는 원가와 판관비를 970억 원 사용했다. B 회사는 같은 영업이익을 올리는 데 70억 원을 사용했다. 따라서 약 14배의 비용 차이가 발생한다. B 회사가 압도적으로 효율적인 것이다.

대표적인 판관비에 대해서는 그림 5에 정리하였다.

그림 4 매출이 많을수록 좋을까? 적은 것이 좋을까?

영업이익이 같을 때,
매출이 많은 것이 좋을까? 적은 것이 좋을까?

(억 원)

	A 회사	B 회사
매출	1,000	100
원가&판관비	970	70
영업이익	30	30
영업이익률	3%	30%

약 14배

30억 원의 영업이익을 창출하기 위해 얼마나 많은 비용이 드는가?

* A 회사는 30억 원의 영업이익을 창출하기 위해 970억 원의 비용이 들었다.

* B 회사는 30억 원의 영업이익을 창출하기 위해 70억 원의 비용으로 충분했다.

* 같은 30억 원의 영업이익을 내는데, A 회사는 B 회사의 '약 14배'의 비용이 투입되어,
  매우 비효율적인 방법임을 보여준다.

그림 5 대표적인 판관비

매출 - 원가 - 판매관리비 = 영업이익

원가	판매관리비(판관비)	영업이익
상품·서비스의 매입 및 제조에 소요되는 비용	판매활동에 필요한 비용, 기업 전체의 관리활동에 소요되는 비용	본업의 영업활동으로 얻은 이익

【대표적인 판관비】
(상품·서비스를 판매하기 위해 소요되는 비용)

인건비
영업부문의 인건비

복리후생비
인건비에 따른 사회보험료

광고선전비
TV, 온라인, 오프라인의 광고비

판매수수료
판매에 사용되는 결제시스템의 수수료

여비교통비
영업부문의 이동 교통비

【일반관리비】
(기업 자체의 운영에 필요한 비용)

임대료
사무실 및 창고의 임대료

인건비
회계 등 관리부문의 인건비

복리후생비
인건비에 따른 사회보험료

통신비
사내 네트워크의 통신비

소모품비
복사용지, 문구용품 등의 일상 소모품비

매출이 적은 쪽의 경영이
압도적으로 안정적인 이유

A 회사에 근무하는 사람은 "같은 이익이라도, 우리 회사의 매출이 더

많아"라고 말하고, B 회사에 근무하는 사람은 "같은 이익이라도, 우리

회사가 더 효율적이야"라고 말할 것이다. 이 논쟁은 종종 평행선을

달리는 경우가 많다.

하지만 기업의 안정성을 비교하면 B 회사가 압승한다.

그림 6을 봐주길 바란다.

불경기나 사고 등으로 인해 A 회사, B 회사 모두 매출이 10퍼센트

하락했다고 하자.

A 회사의 매출은 900억 원, B 회사의 매출은 90억 원이 된다.

원가와 판관비에는 매출에 연동하여 줄어드는 것(변동비)과 고정적으로

발생하여 매출이 떨어져도 줄어들지 않는 것(고정비)이 있다. 여기서는

변동비를 매출의 50퍼센트로 가정해 보자.

A 회사의 변동비는 500억 원에서 450억 원으로 10퍼센트 감소한다.

그러나 고정비는 470억 원으로 변하지 않기 때문에, 원가와 판관비의

총액은 970억 원에서 920억 원으로 감소한다.

B 회사의 변동비는 50억 원에서 45억 원으로 10퍼센트 감소한다.
그러나 고정비는 20억 원으로 변하지 않기 때문에, 원가와 판관비의
총액은 70억 원에서 65억 원으로 감소한다.

줄어든 매출과 원가 및 판관비를 감안하여 영업이익을 산출하면 다음과
같다.

A 회사

매출 900억 원 - 원가 및 판관비 920억 원 = 영업이익 마이너스 20억 원

＊영업이익률 마이너스 2.2%

B 회사

매출 90억 원 - 원가 및 판관비 65억 원 = 영업이익 플러스 25억 원

＊영업이익률 플러스 27.8%

B 회사는 영업이익이 25억 원이 되어, 영업이익률 27.8퍼센트로 여전히
높은 이익률을 유지하고 있다.
반면, A 회사는 영업이익이 마이너스 20억 원으로 적자로 돌아섰다.
같은 이익이라면 매출이 적은 쪽이 위험에 대한 안정성이 더 높다는
것을 알고 있었나?

그림 6 매출이 많은 A 회사와 매출이 적은 B 회사의 이익 비교

(억 원)

			A 회사 매출 10% 감소		B 회사 매출 10% 감소	
만약 매출이 10% 감소한다면	**매출**		1,000	900	100	90
변동비는 매출이 줄면 그만큼 줄어든다	**원가 판관비 내역**	변동비 ※매출의 50%로 한다	500	450	50	45
고정비는 기본적으로 변하지 않는다		고정비	470	470	20	20
원가&판관비 총액은?	**원가&판관비 총액**		970	920	70	65
A 회사는 적자전환, B 회사는 고수익률 유지	**영업이익**		30	-20	30	25
	영업이익률		3%	-2.2%	30%	27.8%

매출 10배는
리스크 10배를 의미한다

이익이 같을 경우, 매출이 많을수록 리스크는 더 커진다. 경영을 하다

보면 실감하게 되지만, 예상치 못한 사고는 항상 발생한다.

그리고 **사고의 양은 이익이 아니라 매출에 비례한다.** 상품의 수, 고객의 수

등이 많아지기 때문이다.

매출 10배는 리스크 10배를 의미한다.

내가 경영에서 중요하게 생각하는 것은 **고객만족도를 높이는 것**이다.

고객이 100퍼센트 만족한다면 영속적인 경영에 가까워지겠지만, 매출을

올리고 싶은 마음으로 무턱대고 고객을 늘리면 고객 한 사람 한 사람의

고객만족도를 높이는 방안에 주력할 수 없다.

매출이 많아지고, 일이 늘어나고, 직원이 많아지며, 회사의 규모도

커진다. 이는 일반적으로 좋은 일로 여겨진다. 하지만 그만큼 사고도

많아지고, 관리의 번거로움도 늘어나며, 하고 싶은 일에 집중할 수 없게

된다. 회사의 규모가 커지는 것이 반드시 좋은 일만은 아닌 것이다.

본업의 영업활동으로 얻은 이익을 나타내는 것이 '영업이익'이다.

영업이익 대비 원가와 판관비가 얼마나 많이 들어가는지를 보면 기업이

얼마나 적절하게 투자를 하고 있는지를 알 수 있다. 광고선전비를 많이 쓰면 매출은 늘어나지만, 영업이익은 줄어든다.

그렇다고 원가와 판관비를 무조건 줄여야 한다는 뜻은 아니다.

영업이익 대비 원가와 판관비가 높은 경우, 낭비되는 비용을 지불하고 있을 가능성이 높다.

우리 회사와 같은 인터넷 쇼핑몰의 경우, 광고비를 무한정 쓸 수 있다면 매출도 무한정으로 늘어난다. 매출 1,000억 원을 달성하고 싶다면, 광고 투자를 많이 하면 된다.

하지만 이익은 올라가지 않는다.

그래서 관리가 중요하다. 우리 회사의 경우 현재 매일같이 약 5,000개의 광고를 시행하고 있지만, **매일 아침 그 성과를 확인한다**. 수익이 나지 않는 광고는 그만두고, 수익이 나는 광고만 남긴다.

2

이익 체질의 회사를 만들어
사상 첫 4년 연속 상장

뉴스레터 발행 수는 3배인데,
매출은 1.3배인 의미

전자상거래 시장은 2000년 전후로 등장했다. 애초에 인터넷으로 물건을

사는 사람이 거의 없었던 시절이라 인터넷 쇼핑몰에 상품을 올려놓는

것만으로는 팔 수가 없었다. 어떻게 하면 관심 없는 사람들에게 관심을

갖게 하고, 구매하게 할 것인가를 두고 업계 전체가 시행착오를 겪고

있었다.

많은 회사들이 뉴스레터를 발행하고, 기획이나 캠페인을 통해 매출을 올렸다.

예를 들어 "상품 담당자가 50개를 발주해야 하는데, 실수로 500개를 발주해버렸습니다. 어쩔 수 없이 30% 할인 판매를 실시합니다. 많은 구매 부탁드립니다"라고 뉴스레터에 쓰고 발행한다. 그 진위 여부는 알 수 없지만, 이벤트성으로 팔리는 경우가 있었다.

잘나가는 인터넷 쇼핑몰은 매일매일 어떤 기획거리를 생각해서 뉴스레터를 발행했다.

나 또한 일주일에 한 번씩은 뉴스레터를 발행했지만, 발행 빈도는 적은 편이었다.

그래서 뉴스레터 발행 빈도를 주 1회에서 주 3회로 늘려보았다. 새로운 상품을 준비하고, 세일즈 포인트를 잡아 문장으로 정리했다.

업무는 증가했지만, 그만큼 매출 증가를 기대하고 있었다.

하지만 매출은 1.3배밖에 늘어나지 않았다. 뉴스레터를 발행하는 노력은 3배로 늘어났는데, 매출은 1.3배밖에 늘지 않았다. 이때 '매출만 오르면 된다'라는 생각이라면, 이렇게 할 수도 있었다.

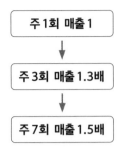

주 1회 매출 1

↓

주 3회 매출 1.3배

↓

주 7회 매출 1.5배

실제로 이러한 전략을 실시하는 인터넷 쇼핑몰이 많았다.

그러나 나는 효율성이 떨어진다고 생각했다. 업계 분위기에 편승해 각종

기획이나 캠페인을 연이어 진행하다 보면 매출은 확실히 올라간다.

하지만 매출을 늘어나는데 드는 수고와 비용이 증가하고 이익은

줄어들게 된다. 뉴스레터를 발행하지 않아도 팔릴 수 있는 구조를

생각하지 않으면 이익 체질이 되지 않는다.

다산다사의 경영에서 소산소사의 경영으로

'매출 최소화, 이익 최대화'를 목표로 하기 위해서는 우선

'소산소사(少産少死)**'의 경영**을 철저히 해야 한다.

상품·서비스를 소산소사로 만드는 것, **한번 취급한 상품은 평생 팔겠다는**

생각으로 개발해야 한다.

안 팔리면 폐기할 생각을 하지 않고, 한번 취급한 상품은 스테디셀러로 만든다는 생각으로 상품 개발을 한다.

그 반대가 '다산다사(多産多死)'의 경영이다. 다산다사의 경영은 유행하는 상품을 연이어 내놓는다. 하나의 상품에 의존하지 않고, 항상 상품을 바꾸면서 매출을 올리는 구조로 되어 있다. 사람들은 새로운 것에 관심을 갖기 쉽다. 새롭다는 것만으로도 매력적이다. 그런 점으로 승부하기 위해서는 계속해서 새로운 것을 만들어야 한다.

따라서 다산다사의 경영은 비용이 많이 든다.

판매 형태에 따라서도 비용은 크게 달라진다. 우리 회사는 인터넷 판매만을 하고 있다.

하지만 많은 회사들이 매출 극대화를 위해 인터넷 판매와 매장 판매를 함께 하고 있다. 이런 회사들의 대부분은 어느 한쪽에서 적자를 보고 있다.

나 같으면 흑자 사업에 특화해서, 적자 사업을 그만둘 것이다. 하지만 몇몇 경영자 중에는

"온라인 판매와 오프라인 판매를 동시에 하면 서로 홍보가 된다. 시너지 효과가 있다"

라고 말하는 사람이 있다.

그러나 이익률은 낮아진다. 두 가지를 병행하면 운영방법도 두 종류가

필요하기 때문에 직원 교육, 노하우 축적 등에 비용이 많이 들어가고

이익을 압박하게 된다.

왜 이익이 줄어드는데도 많은 기업들이 온라인 판매와 오프라인

판매를 동시에 전개하는 것을 멈추지 못하는가. 이는 매출 지향적이기

때문이다. 이익을 중심으로 생각하지 않기 때문에 매출이 올라가는 것에

계속 손을 대는 것이다.

원로 가수에게 영감을 받은
D2C × 서브스크립션 모델

우리 회사는 '고민을 해결하는 상품'을 개발하여 고객에게 전달하고,

고객이 제품을 제대로 사용할 수 있도록 고안된 설명서도 함께

제공한다. 무료 상담도 진행하여, 한번 구매해준 고객과는 평생을 함께

할 생각이다.

나 스스로도 상품에 책임감을 가지고 판매하려는 마음을 창업 초기부터

갖고 있었다. 취급하는 상품을 하나하나 제대로 선택하고, 알기 쉽게

설명하여, 고객이 진심으로 만족할 수 있도록 하고 싶다.

하지만 취급하는 상품이 많아질수록 책임의 양도 증가한다. 홋카이도 특산품을 취급하고 있을 때는 '이대로 상품 수가 증가하면 감당할 수 없겠다'라고 느꼈었다.

그러던 중 올리고당으로 만든 '변비 개선' 건강식품을 우연히 만나게 되었고, 이것이 폭발적으로 팔리게 되었다.

자세한 이야기는 4장에서 설명하겠지만, 이후로도 이 상품의 판매는 꾸준하였다.

그 무렵 읽었던 어떤 책에 한 원로 가수의 말이 적혀 있었다.

그것은 **"한 번 음반을 사준 팬과는 평생을 함께 하겠다"**는 취지의 이야기였다. 나 또한 우리 상품을 한 번 사준 고객과는 평생을 함께할 생각으로 일을 해야겠다고 생각했다.

이를 계기로 우리 회사의 비즈니스 모델이 확립되었다.

한 마디로 **'D2C × 서브스크립션'** 모델이다.

D2C란 'Direct to Consumer'의 약자로, 자사 브랜드의 상품을 인터넷을 활용하여 직접 고객에게 판매하는 비즈니스 모델이다.

서브스크립션은 넷플릭스와 같은 서비스의 월구독료를 떠올리는 사람이 많지만, 우리 회사의 경우 **정기 구매**를 의미한다. 주력으로

취급하는 상품인 건강식품, 화장품 등은 한 달이면 다 써버리는

것들이다. 그래서 고객이 마음에 들면 매달 구매해주시는 것이다.

품질이 좋은 상품으로 스테디셀러를 노리는 비즈니스 모델로

정기 구매를 통한 매출의 비중은 약 70퍼센트로 매우 높은 편이다. 이것이

이익을 창출하는 원천이 되고 있다.

이익은 목적,
매출은 과정

회사를 이익 체질로 바꾸려면 우선 **이익 목표를 설정해야 한다.**

무수입 수명이라도 좋다.

많은 사람들이 어제의 일을 계속하면 언젠가는 목표에 도달할 것이라고

생각한다.

하지만 지금까지와 같은 길을 걸어서는 목표에 도달할 수 없다.

목적지를 새롭게 설정해야 궤도 수정도 가능해진다.

같은 일을 계속해도 되는지, 일의 우선순위와 방식을 바꿀 필요는

없는지, 철저하게 스스로에게 물어볼 필요가 있다.

그래서 이익 목표의 설정을 매달, 재검토하는 것이다.

이익으로 이어지지 않는 일을 찾으면 그만둔다.

이때 총액으로 이익을 보는 것만으로는 부족하다. **업무별로 이익을 관리**해야 한다. 업무별로 채산성이 맞는지를 보고, 맞지 않는 부분은 모두 끊어낸다.

많은 사람들이 "그렇게 하면 매출이 떨어지지 않느냐"라고 말하지만, 애초에 매출을 바라지 않아도 된다.

비용이라고 무조건 줄이는 것이 아니다.

적절한 투자는 해야 한다.

다만, **시행한 방안과 이익 사이의 연관성을 항상 숫자로 평가**한다.

우리 회사에서는 3장에서 소개할 **5단계 이익관리**로 이를 수행한다.

이를 소홀히 하고 시행한 방안을 낙관적으로 평가하면 바로 적자가 될 것이다.

"이 광고를 하면 언젠가는 이익이 올라갈 것이다"라고 기한도 근거도 없는 말을 해서는 안 된다.

매출과 이익은 대비되는 것이 아니다. **이익은 절대적인 목적이고 매출은 그 과정이다.**

증권거래소 상장과
매출 및 직원 수는 관계없다

나는 예전에 '증권거래소에 상장하려면 대기업이 아니면 불가능하다'

라고 생각했었다. 그런데 상장기준을 보니 **매출 및 직원 수와 관련된**

기준은 없었다.

우리 회사는 이익 중심의 경영으로 4년 연속 상장에 성공했다. 이는 사상

처음 있는 일이라고 한다.

2012년 삿포로증권거래소 신흥시장 상장

2013년 삿포로증권거래소 일반시장 상장

2014년 도쿄증권거래소 2부시장 상장

2015년 도쿄증권거래소 1부시장 상장

1장에서 언급했듯이, 나는 료마라는 학생 기업에 몸담고 있었다.

창업자인 사나다 테츠야는 현재 도쿄증권거래소 1부시장 KLab의

회장, 또 다른 창업자인 니시야마 히로유키는 도쿄증권거래소 1부시장

GMO인터넷의 부사장으로 재직 중이다.

내가 삿포로증권거래소 신흥시장에 상장했을 때, 정기모임이 있었다.

니시야마 히로유키는 이전 GMO인터넷의 자회사 GMO애드파트너스의 대표를 맡아 회사 설립 후 364일 만에 자스닥시장에 상장했다. 당시 회사 설립 후 역대 최단기간 상장 기록이었다. 사나다 테츠야는 도쿄증권거래소 마더스시장에 상장한 지 8개월만에 1부시장에 상장했다. 이것도 당시 역대 최단기간 기록이었다.

선배 2명이 상장 기록을 가지고 있었기 때문에 나도 기록을 세우고 싶었다.

하지만 매출이나 규모를 늘리려고 한 적은 없다. 일반적으로 기업은 먼저 매출을 극대화하고, 비용을 절감하면서 이익을 내기 위해 노력한다. 우리의 생각은 그것과는 **정반대의 접근법**이었다. 이익 목표가 먼저 있고, 그 목표를 달성할 수 있는 **최소한의 매출 목표**를 생각하는 것이다.

3

신입사원에게 전하는
이익 이야기

돈을 버는 것은
부도덕한 일인가?

회사를 이익 체질로 만들기 위해서는 사장이 이익의 중요성을 반복하여

이야기할 필요가 있다.

직원들을 이익 지향으로 만들기 위해서다.

돈에 대한 생각은 사람마다 다르다. 어떤 사람은 돈을 버는 것을

부도덕한 일이라고 생각하는 사람도 있다.

이익이란 무엇인가, 이익을 내는 것이 사회적으로 어떤 의미가 있는가, 일상적인 일과 이익이 어떤 관계가 있는가에 대한 공통된 인식을 가질 필요가 있다.

지금부터 소개할 이야기는 이익에 대한 우리 회사의 사고방식을 보여주는 이야기다.

신입사원과 경력직 입사자에게는 내가 직접 교육을 하고 있다. 경력직 입사자는 전 직장에서 '매출을 올려라'라는 교육을 철저하게 받은 사람들이 많다. 그래서 매출이란 무엇인가, 이익이란 무엇인가에 대해 다시 한번 생각하게 한다.

이 이야기는 내가 경영자들을 대상으로 한 강연에서도 종종 이야기할 때가 있다. 아주 기초적인 이야기지만, 교육 현장의 실황 중계라고 생각하고 읽어주었으면 한다.

돈을 버는 회사는
많은 사람에게 도움이 된다

A씨는 직접 만든 곡괭이로 밭을 경작하고 있었다.

어느 날, 옆 밭을 가는 B씨를 보고 깜짝 놀란다. B씨의 곡괭이는 특별한

사양으로 만들어져 같은 시간에 두 배의 일을 할 수 있었던 것이다.

A씨는

"나도 그 곡괭이와 같은 것을 만들어 주게"

라고 부탁했다. B씨는

"좋아요. 하지만 당신의 곡괭이를 만들다 보면 제가 농작물을 재배할

시간이 없어요. 곡괭이를 만드는 시간만큼의 농작물을 나눠주면,

제가 만들어 드릴게요"

라고 했다. 이렇게 해서 물물교환이 탄생했다(그림 7).

어느덧 B씨의 곡괭이는 명성을 얻게 되었고, 어느 날 C씨, D씨, E씨가

농작물을 가지고 B씨의 집에 찾아왔다.

"B씨, 이 농작물을 줄 테니 우리에게도 특별한 사양의 곡괭이를 만들어

주면 안 되겠나?"

B씨는 고민에 빠졌다. 이렇게 많은 농작물을 받아도 먹기도 전에 다 썩어

버린다.

그림 7 물물교환의 탄생

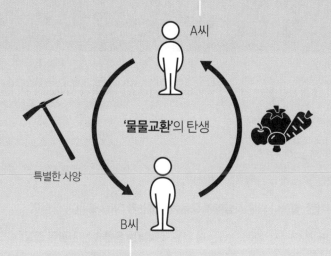

A씨는
"나도 그 곡괭이와 같은 것을 만들어 주게"
하고 부탁했다

A씨

'**물물교환**'의 탄생

특별한 사양

B씨

B씨는
"곡괭이를 만드는 시간만큼의 농작물을 나눠주면 만들어 주겠다"
하고 응했다

그러자 C씨가

"그럼 원하는 때에 내 농작물과 교환할 수 있는 교환권을 만들어 주겠네"

라며 태환권을 주었다.

이렇게 해서 화폐가 탄생하였다(실제로는 금이 가치를 보증하는

금태환권이지만).

> 태환권 1장 = 특별한 사양의 곡괭이
> = 곡괭이 만드는 시간에 상당하는 농작물

이 세 가지가 같은 가치가 되었다. 그림8과 같이 재화나 서비스의 가치를

대체한 것이 돈이다.

돈은 남에게 도움이 되면 받는다.

가치란, 얼마나 다른 사람에게 도움이 되었는가 하는 것이다. 도움이

되는지 아닌지, 가치가 있는지 없는지 여부는 **돈을 주는 사람이 결정**한다.

'나는 상대방에게 도움이 되고 있어', '열심히 일하고 있어'라고 생각해도

상대방이 그렇게 생각하지 않으면 돈을 지불하지 않는다.

내가 당신에게 갑자기 "10만 원만 주세요"라고 하면 당신은 거절할

것이다.

그렇다면 어떤 경우라면 나에게 10만 원을 주겠는가?

그림 8 돈이란 무엇인가

태환권 1장 = 특별한 사양의 곡괭이 = 농작물

이 '등가물'이 되었다!

특별한 사양

재화나 서비스의 **'가치'**를 종이로 대체한다

이 대체된 종이가 **'지폐(돈)'**이다!

그것은 10만 원어치, 당신에게 도움이 되었을 때이다. 즉, 금액만큼 상대방에게 도움이 되지 않았다면 돈을 절대로 받을 수 없다.

B씨는 특수한 곡괭이를 많이 만들어서 많은 돈을 받을 수 있었다. 남에게 도움이 되는 정도가 돈의 양이고, B씨의 사회공헌도인 셈이다(그림 9). 그렇다면 일상적인 일에서는 어떨까? 다양한 가치의 상품·서비스가 제공된다. 그리고 그에 상응하는 대가를 받고 있다. 즉, 돈을 버는 회사는 많은 사람들에게 도움이 되는 것이다(그림 10).

회사가 세상에 얼마나 도움이 되고 있는지를 보여주는 지표는 다음과 같다.

있어도 좋고 없어도 되는 회사(우연히 눈에 띄어서 샀을 뿐) → 연매출 50억 원 이하

있으면 편리한 회사 → 연매출 100억 원 이상

없어지면 곤란한 회사 → 연매출 1,000억 원 이상

그래서 많은 경영자들이 연매출 1,000억 원 이상의 회사가 되는 것을 목표로 한다.

그림 9 '남을 돕는 것'으로 많은 돈을 벌 수 있다

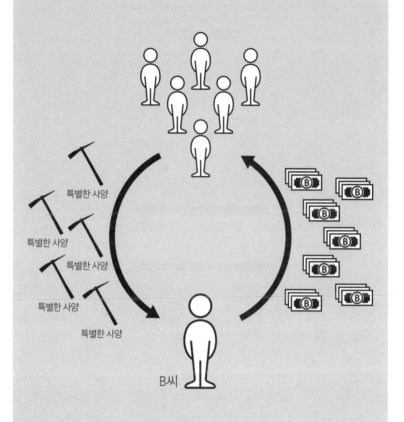

특별한 사양

특별한 사양

특별한 사양

특별한 사양

특별한 사양

B씨

남에게 도움이 되는 일을 하는 사람일수록 돈을 더 많이 받는다

그림 10 돈을 버는 회사

현대의 경우……

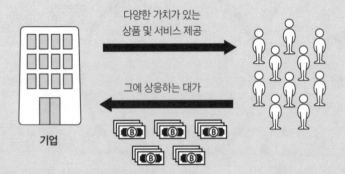

다양한 가치가 있는
상품 및 서비스 제공

그에 상응하는 대가

기업

돈을 버는 회사 = 많은 사람들에게 도움이 되는 회사

애초에 이익이란
무엇인가?

자, B씨는 곡괭이를 제공하고 도움을 준 만큼의 대가를 받았다. 이것이 **매출**로 **도움의 정도를 수치화한 것**이다.

그렇다면 이익이란 무엇일까? 매출에서 **자신이 스스로 창출한 부가가치를 수치화한 것**이다.

곡괭이는 B씨가 만들었지만, 곡괭이의 재료인 나무와 철을 구입하기 때문에 모두 직접 만든 것은 아니다. 매출은 B씨의 곡괭이 가치의 총합이지만, 이익은 그중에서 B씨 자신이 창출한 부가가치의 총합이다.

매출만 올리는 것이라면 쉽게 올릴 수 있다. 당신이 남에게 도움이 되고 싶다는 생각에 B씨로부터 곡괭이를 구입했다. 1개당 1만 원짜리 곡괭이를 10개 구입하여 1개당 1만 원에 10명에게 판매했다. B씨에게 구입하든, 당신에게 구입하든 품질도 가격도 똑같다. 고객은 우연히 눈에 띈 당신에게 샀을 뿐이다.

매출은 10만 원이지만 이익은 0원이다.

> 매출 10만 원(1만 원 × 10개) - 원가 10만 원(1만 원 × 10개)
> **= 이익 0원**

매출은 올랐지만, 당신은 세상에 도움이 되었는가?

일부 기업 중에는 매출 1,000억 원을 달성해도 이익이 거의 없는 곳도 있다.

가령, 1,000억 원의 매출 목표를 세웠다고 가정해 보자. 1,000억 원의 매출을 올리기 위해 그림 11과 같이 가격비교 사이트의 최저가로 한 업체로부터 100만 원짜리 PC를 10만 대 구입했다. 비용은 1,000억 원이 들었다.

그리고 같은 가격비교 사이트에 등록하여 같은 최저가인 100만 원에 판매하였다.

고객은 품질도 가격도 같은 최저가이기 때문에 우연히 눈에 띄는 쪽의 PC를 구입한다. 1대당 100만 원에 구입한 PC를 1대당 100만 원에 10만 대를 팔아 매출 1,000억 원을 달성했다고 가정하자.

그러나 이익은 0원이다.

> 매출 1,000억 원(100만 원 × 10만 대)
> - 원가 1,000억 원(100만 원 × 10만 대) = **이익 0원**

매입한 물건에 부가가치가 더해지지 않으면 매출이 늘어나도 이익은 발생하지 않는다.

그림 11 매출 1,000억 원, 이익 0원

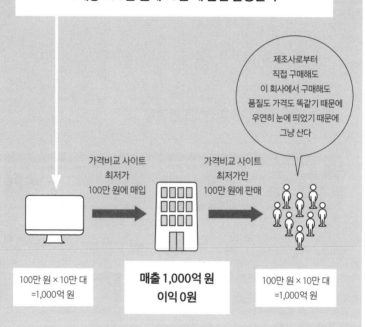

1대당 100만 원에 10만 대 PC를 매입하고
1대당 100만 원에 10만 대 팔면 달성한다

제조사로부터
직접 구매해도
이 회사에서 구매해도
품질도 가격도 똑같기 때문에
우연히 눈에 띄었기 때문에
그냥 산다

가격비교 사이트
최저가
100만 원에 매입

가격비교 사이트
최저가인
100만 원에 판매

100만 원 × 10만 대
=1,000억 원

**매출 1,000억 원
이익 0원**

100만 원 × 10만 대
=1,000억 원

그러나 매입한 물건에 아무런 부가가치가 없다면
'매출'은 올라가도 '이익'은 나오지 않는다

이미 세상에 도움이 된 상품을 그대로 사들여서 같은 가격으로 팔면 매출은 발생하지만 이익은 발생하지 않는다.

이것은 당신이 세상에 도움이 되지 않는다는 것을 보여준다.

그럼, 그림 12와 같이 이 PC에 10년 보증을 붙여 110만 원에 판매했다고 가정해 보자.

고객이 원래 제조사로부터 구입하면 100만 원이지만, 당신의 회사에서 사면 10만 원 더 비싸지만 10년의 보증이 붙어 있다. 10년 보증에 가치를 느끼는 사람이 10만 명이라면 이렇게 된다.

> 매출 1,100억 원(110만 원 × 10만 대)
> − 원가 1,000억 원(100만 원 × 10만 대) = **이익 100억 원**

반면, 10년 보증에 가치를 느끼지 못하는 사람, 10만 원은 비싸다고 느끼는 사람들이 많으면 매출도 이익도 오르지 않는다. 가치가 있는지, 이익이 적정한지는 고객이 결정한다는 것을 잊어서는 안 된다.

연매출 1,000억 원의 회사라도 이익을 내지 않으면 존재가치가 없다. 매출에는 아무런 의미가 없다. 이익이야말로 회사가 얼마나 도움이 되는지를 보여주는 것이다. 이익은 그 회사가 진정으로 도움이 되는지 아닌지를 가늠하는 바로미터다.

그림 12 매출 1,100억 원, 이익 100억 원

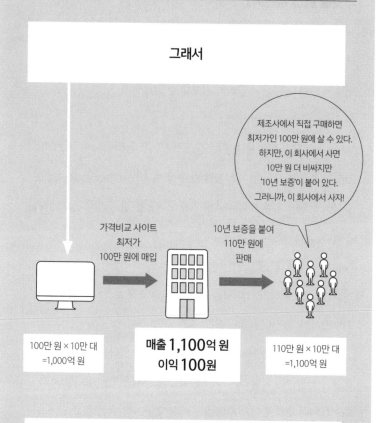

이것이 모두 팔리면
110만 원 × 10만 대 = 1,100억 원의 매출
매출 1,100억 원 - 원가 1,000억 원 = 100억 원의 이익

이익을 창출한 회사는
무엇을 해야 하는가?

목표한 이익을 충분히 달성한 회사는 다음에 무엇을 해야 하는가?

어떻게 하면 더 많은 사람들이 기뻐할 수 있을까?

한 직원은 이렇게 이야기했다.

"사장님. 필요한 이익은 충분히 얻었으니, 이제 공짜로 나눠주겠습니다"

그러자 주문이 쇄도한다. 상품을 줄 수 있는 사람과 상품을 줄 수 없는

사람이 생겨난다. 유료로 구매한 기존 고객들은 '불공평하다'고 생각할

것이다. 고객에게 예의가 아니게 된다.

직원은 생각을 바꿨다.

"역시 유료로 판매해서 이익을 내고, 이익 목표를 초과하는 금액을

기부합시다. 이것이 사회공헌입니다"

그런데 막상 기부를 하려고 보니 다양한 단체가 있다는 것을 깨달았다.

빈곤과 식량난에 시달리는 사람들, 학교에 가지 못하는 아이들,

자연재해의 피해를 입은 사람들……세상에는 어려움을 겪고 있는

사람들이 많이 있다.

우연히 뉴스 등을 통해 알게 된 사람이나 단체에 기부를 하게 되지만,

그것으로 충분할까?

세상에는 더 곤란한 사람들이 있지 않을까? 사실, 어려움을 겪고 있는 모든 사람들을 파악하고 우선순위를 정해서 도울 수 있다면 좋겠지만, 내 힘만으로는 어렵다.

그렇다면 어떻게 해야 할까?

이를 위해 행정과 세금이라는 제도가 있다.

잘 알지 못하는 분야에 기부하는 것보다 본업에 전념하여 이익을 창출하고 세금을 납부하는 것이 더 도움이 된다. 우리 사회는 필요 이상으로 이익을 창출하면 세금의 형태로 사회에 환원하는 구조로 되어 있다.

정부는 전국에서 수집한 정보를 바탕으로 어디에 얼마만큼의 돈을 분배해야 할지를 결정한다. 벌어들인 이익은 정부를 통해 전국이 균형 있게, 모두가 행복할 수 있도록 적절한 곳에 분배된다.

누진과세에서는 수익을 올리면 올릴수록 세율이 높아진다(그림 13).

생활에 필요한 최소한의 금액은 누구에게나 크게 다르지 않다. 그래서 돈을 많이 벌면 벌수록 세율이 높아지는 것은 이해할 수 있는 제도이다. 많이 벌면 그만큼 세금을 내고, 사회에 환원한다. 따라서 세상에 도움이 되려면 더 많은 이익을 내야 하는 것이다.

그림 13 누진과세의 구조

누진과세 = 이익을 많이 창출할수록 세율이 높아지는 구조

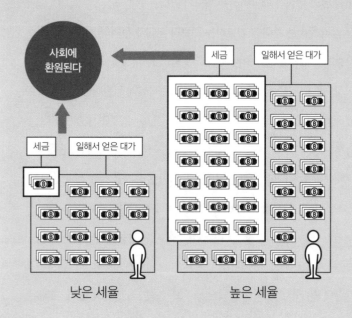

많이 버는 사람은 그만큼 더 세금을 내고
사회에 환원하고 있다. 그래서,
세상에 더 도움이 되려면 더 많은 이익을 얻는다

대기업과의 직원 1인당 이익 비교!

기업은 사회에 도움이 되는 것을 제공한다. 도움이 되는 만큼 대가를

받는다. 도움이 되지 않으면 대가를 받을 수 없다.

도움이 되는 만큼 이익이 난다. 도움이 되지 않으면 이익이 나지 않는다.

그리고 발생한 이익에서 세금을 낸다. 세금은 공무원들의 월급이 된다.

공무원들은 시민들에게 무료 혹은 저렴한 행정 서비스를 제공한다.

그렇다면 비영리단체들은 어떻게 활동하고 있을까?

그들의 활동 일부는 보조금이나 지원금과 같은 세금 및 기업의

기부금으로 운영되고 있다.

언젠가 '세상에 도움이 되고 싶다'며 자원봉사를 하는 청년을 만난 적이

있다. 그 사람은 당연히 상대방으로부터 대가를 받지 않았다.

그럼, 자신의 생활은 어떻게 하고 있을까?

부모님의 용돈으로 생활하고 있었다. 정말 세상을 지탱하고 있는 것은

그 청년이 아니라 부모가 아닐까?

자원봉사는 중요한 일이지만, 비영리나 무상 서비스는 정말 도움이

되는지 아닌지를 판단하기 어렵다.

유상이라면 '돈을 지불하더라도 꼭 필요한 것', '돈을 낼 정도로 필요는 없는 것'이 분명하지만, 무상의 경우 이들의 구분이 어렵다.

개발도상국에서 우물을 팠지만, 3개월 만에 우물이 망가져도 아무도 수리하지 않고 방치되는 경우가 허다하다고 한다. 수리하지 않는 것은 애초에 필요성이 낮았기 때문일 수도 있다. 이렇게 되면 자기만족에 빠지게 된다.

다만, 나는 기부를 부정하는 것이 아니다.

2018년 9월 6일 홋카이도에서 발생한 지진 피해 지역 지원을 위해 사재에서 10억 원을 기부한 적이 있다.

지진 발생 직후 많은 직원들의 집이 정전되었고, 대중교통이 전면 중단되었으며, 시내 전역의 신호등도 멈췄었다. 삿포로역에는 난민들이 넘쳐났고, 편의점 주변에 긴 줄이 늘어섰다.

이후 각 관계자들의 노력으로 도시 지역에서는 복구가 빠르게 이루어졌지만, 인구가 적은 지역에서는 복구와 재건에 오랜 시간이 걸릴 것으로 보였다.

홋카이도에 기반을 둔 기업으로서 홋카이도 전역의 빠른 재건을 기원하며, 도움이 필요한 지역에 우선적으로 지원하고 싶다고 생각했었다.

그림 14 자원봉사자와 흑자·적자 기업의 관계

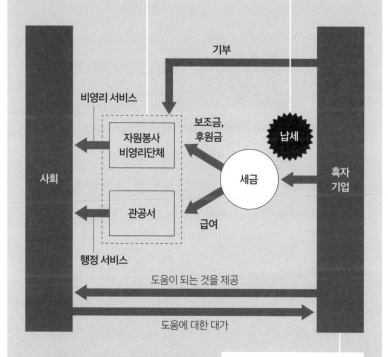

이러한 특별한 경우를 제외하고는 세금을 내는 것이 사회에 도움이 된다. 기업이 이익을 창출하여 세금을 내지 않으면 세상은 돌아가지 않는다. 적자 기업들은 세금을 거의 내지 않기 때문이다(그림 14).

우리 회사의 2020년 기준 이익은 290억 원이다. 세상에는 우리 회사보다 더 도움이 되는(이익이 많은) 회사들이 많다. 하지만 직원 1인당 이익은 2억 3,320만 원으로 그림 15의 주요 대기업보다 많다. 법인세는 이익에 따라 과세되기 때문에 직원 1인당 법인세 납부액이 대기업보다 더 많은 것이다. 우리 직원들은 대기업의 직원들보다 세상에 더 많은 도움을 주고 있다고 할 수 있다. 직원들에게는 "내가 이 나라를 지탱하고 있다는 자부심을 가져달라"라고 말하곤 한다.

이익을 내고, 납부한 세금이 우리 사회를 위해 쓰인다. 더 나아가서 세금을 효과적으로 사용하기 위해 믿을 수 있는 정치인을 선택해야 한다.

기업이 이익을 창출하는 것은 고객이 돈을 지불하고 싶을 정도로 만족할 상품과 서비스를 제공하고, 고객에게 도움이 되기 때문이다. 그리고 그 이익을 세금의 형태로 사회에 환원하여 사회 전체에 도움이 되는 것이다. 기업은 이렇게 두 가지 방법으로 사회에 도움이 되는 것이다.

그림 15 대기업과의 직원 1인당 이익 비교

세상에는 우리 회사보다
더 도움이 되는(이익이 많은) 회사들이 많다

도쿄증권거래소 1부 상장기업 영업이익 상위 5개사

	회사명	영업이익	직원 수	직원 1인당 이익
1위	도요타자동차	24조 4,290억 원	35만 9,542명	6,790만 원
2위	NTT	15조 6,220억 원	31만 9,052명	4,900만 원
3위	미쓰비시UFJ파이낸셜그룹	12조 3,580억 원	13만 8,570명	8,920만 원
4위	KDDI	10조 2,520억 원	4만 4,952명	2억 2,800만 원
5위	미쓰이스미토모금융그룹	9조 3,200억 원	8만 6,443명	1억 780만 원

~

기타노다츠진코퍼레이션	290억 원	125명	2억 3,320만 원

직원 1인당 이익이
영업이익 상위 5개사보다 크다

우리 직원들이 대기업 직원들보다
세상에 더 많은 기여를 하고 있다고
할 수 있다

2019년 12월기~2020년 11월기 도쿄증권거래소 1부 상장기업 증권신고서를 바탕으로 저자 작성

요약하자면, **매출은 기업의 유용성을 합계하여 수치화한 것이다. 이익은 그중에서 기업이 창출한 부가가치이다. 사회공헌이란 돈을 버는 것이며, 돈을 벌어야 사회공헌이 가능하다.**

그래서 이익이 중요한 것이다.

매출 OS를
이익 OS로 바꾼다

지금까지가 이익에 대한 우리 회사의 사고방식을 보여주는 이야기였다.

이 교육을 실시하는 이유로는 두 가지가 있다.

첫 번째는 신입사원들이 '돈이란 무엇인가'를 생각하도록 하는 것이다.

두 번째는 경력직 입사자들이 '왜 이익이 중요한가'를 생각하도록 하는 것이다.

신입사원들은 이 내용을 금방 이해해주고, 오히려 반대로

"다른 회사들은 왜 이익보다 매출을 더 중요하게 생각할까요?"

하고 의문을 품는다. 또한,

"매일매일 하는 일의 의미를 알게 되었습니다"

"세상에 도움이 되고 싶어서 자원봉사를 하려고 했는데, 열심히 눈앞의

일을 하면 된다는 것을 알았습니다"

라는 소감을 말한다.

반면, 경력직 입사자들은 전 직장의 영향으로 매출 중심의 사고방식에

물들어 있는 경우가 많다. 그래서 나는 컴퓨터의 기본 시스템인

OS Operating System에 비유하여

"기존의 OS로는 우리 회사의 방식을 이해할 수 없을 것입니다"

라고 말한다.

매출을 많이 올리는 것이 목적인 행동과 이익을 많이 올리는 것이

목적인 행동은 전혀 다르다. 그래서 **매출 OS를 이익 OS로 바꾸고,**

그 위에 지금까지 경험한 것을 앱으로 올려달라고 전하고 있다.

또, 일상 업무에서 이익의 중요성을 잊어버릴 것 같은 사람이

있다면 "매출은 누구나 올릴 수 있기 때문에 의미가 없다고 처음에

말씀드렸잖아요"라고 말하고 있다.

이 이야기를 경영자를 위한 강연에서 말하면,

"우리는 무엇을 위해 이익을 내는지 생각해 본 적이 없다"

"이익을 내는 것이 사회공헌이 될 것이라고 생각해 본 적도 없다"

라고 말하는 사람들이 많다.

그럼, 이익의 중요성에 대한 확인은 여기까지 하고, 다음 3장부터는

드디어 회사의 실행방안과 이익을 연동시키는 **5단계 이익관리**에 대해 이야기하겠다.

제3장

회사의 약점을
한눈에 파악하는
5단계 이익관리

1

매출은 높지만 이익은 낮은 상품, 매출은 낮지만 이익은 높은 상품

숨은 비용이 가시화되어 이익 체질이 되는 5단계 이익관리

나는 무일푼으로 창업을 했다. '실패하면 밥을 먹지 못한다'라는 생각에 항상 불안했다.

매출이 늘어나도 이익이 나지 않으면 회사는 망한다. 정말 돈을 벌고 있는가? 이익으로 이어지지 않는 비용은 없는가? 처음부터 상품마다 비용을 하나씩 측정할 수밖에 없었다.

이를 수년간 지속한 결과 **'여기를 보면 알 수 있다'**는 포인트를 발견할 수 있었다.

그래서 시작한 것이 독자적인 관리회계였다. 이를 우리는 **'5단계 이익관리'**라고 부른다.

5단계 이익관리는 상품 및 서비스별로 이익을 다음과 같은 5단계로 가시화하는 방법이다.

[이익 ①] 매출총이익

[이익 ②] 순매출이익(신조어)

[이익 ③] 판매이익(신조어)

[이익 ④] ABC이익

[이익 ⑤] 상품별 영업이익

모든 업무에 숨어있는 '숨은 비용'을 찾아내어 절감함으로써 회사를 이익 체질로 바꿔준다.

장점은 **전월 대비 이익의 증감 요인을 한눈에 알 수 있다**는 것이다.

이는 우리 회사와 같은 인터넷 사업을 하는 회사에만 효과적인 것으로 보일 수 있다. 하지만 그렇지 않다. **모든 업종에서 적용이 가능하다.**

실제로 세미나 등을 통해 5단계 이익관리를 알고 실천해 본 다른 업종의

종사자들도

"사업부별로 5단계 이익관리를 해본 결과 잘 되는 사업부와 그렇지 않은

사업부를 적나라하게 알 수 있었다"

라는 말을 하기도 했다.

"지금까지 모든 상품의 이익과 비용을 한 묶음으로 생각하고 있었다.

하지만 상품별로 계산해보니 흑자 상품과 적자 상품이 명확해져 눈앞이

캄캄해졌다"

라는 감정 섞인 이야기까지 듣고 있다.

비용에는 이익에 기여하는 비용과 기여하지 않는 비용이 있다.

숨은 비용을 단계별로 드러내고, 이익에 기여하지 않는 비용과

실행방안을 중단하면 수익률은 높아진다.

이익을 제대로 관리하고자 하는 사람들에게 5단계 이익관리는 매우

유용한 도구가 된다.

상품별로
이익을 확인한다

우선 매출에서 비용을 빼고, 단계별로 5가지 이익을 계산해보자.

그림 16을 봐주길 바란다.

이 그림은 한 회사의 상품 ①, ②, ③의 한 달간의 매출과 이익을 정리한

'5단계 이익관리표'이다. 총매출액은 10억 원이다.

상품별로 살펴보면, 상품 ①의 매출은 6억 원, 상품 ②의 매출은 3억 원,

상품 ③의 매출은 1억 원이다. 그렇다면 매출이 가장 높은 상품 ①이

실제로 회사의 이익에 기여하고 있는 것일까?

그림 16의 이익 ①~⑤를 그림 17~22을 통해 하나씩 보면서 분석해보자.

[이익 ①]
매출총이익

첫 번째 이익은 **'매출총이익'**이다.

> **매출총이익 = 매출 – 원가**

그림 16 회사의 약점을 한눈에 파악하는 '5단계 이익관리표'

(만 원)

		상품합계	상품 ①	상품 ②	상품 ③
	매출	100,000	60,000	30,000	10,000
	원가	56,000	35,000	18,000	3,000
상품별 매출총이익	이익 ① 매출총이익	44,000	25,000	12,000	7,000
	매출총이익률	**44%**	**42%**	**40%**	**70%**
주문마다 반드시 발생하는 비용	주문연동비 (카드결제 수수료, 배송비, 포장비, 동봉물, 사은품 등의 요금)	5,000	3,000	1,500	500
매출총이익 - 주문연동비 = 순매출이익 (신조어)	이익 ② 순매출이익	39,000	22,000	10,500	6,500
	순매출이익률	**39%**	**37%**	**35%**	**65%**
순매출이익 - 판촉비 = 판매이익(신조어)	판촉비 (주로 광고비)	19,900	16,000	3,500	400
	이익 ③ 판매이익	19,100	6,000	7,000	6,100
	판매이익률	**19%**	**10%**	**23%**	**61%**
상품별 인건비	ABC (Activity-Based Costing)	1,900	500	1,200	200
	이익 ④ ABC이익	17,200	5,500	5,800	5,900
	ABC이익률	**17%**	**9%**	**19%**	**59%**
	운영비 (임대료 및 간접업무 인건비)	7,000	4,200	2,100	700
	이익 ⑤ 상품별 영업이익	10,200	1,300	3,700	5,200
	상품별 영업이익률	**10%**	**2%**	**12%**	**52%**

* 상품 ①의 매출은 6억 원이지만, 판촉비를 많이 들였기 때문에 상품별 영업이익은 1,300만 원으로 낮다.

* 상품 ③의 매출은 1억 원이지만, 순매출이익률이 높고 판촉비, ABC도 많이 들지 않았기 때문에 상품별 영업이익은 5,200만 원으로 높다.

매출총이익은 **매출에서 원가를 빼서 구한다**. 원가는 상품을 매입하거나 제조할 때 들어가는 비용이다. **원가가 이익에 미치는 영향을 살펴보자**. 그림 16에서 매출총이익의 총합은 4억 4,000만 원이다. 상품별 매출총이익은 상품 ①이 2억 5,000만 원, 상품 ②가 1억 2,000만 원, 상품 ③이 7,000만 원이다(그림 17).

상품합계

매출 10억 원 - 원가 5억 6,000만 원 = 매출총이익 4억 4,000만 원

*매출총이익률 44%

상품 ①

매출 6억 원 - 원가 3억 5,000만 원 = 매출총이익 2억 5,000만 원

*매출총이익률 42%

상품 ②

매출 3억 원 - 원가 1억 8,000만 원 = 매출총이익 1억 2,000만 원

*매출총이익률 40%

상품 ③

매출 1억 원 - 원가 3,000만 원 = 매출총이익 7,000만 원

*매출총이익률 70%

그림 17 [이익 ①] 매출총이익을 구하는 방법

(만 원)

	상품합계	상품 ①	상품 ②	상품 ③
매출	100,000	60,000	30,000	10,000
원가	56,000	35,000	18,000	3,000
이익 ① 매출총이익	44,000	25,000	12,000	7,000
매출총이익률	44%	42%	40%	70%

원가 …… 판매된 상품의 매입 및 제조에 들어간 비용

매출총이익률의 변화와 회사의 액션

☆ 매출총이익률이 전월 대비 상승 → 전월에 비해 '원가율'이 하락했다. 원가율이 낮아진 요인을 분석하여 다른 상품에 적용할 수 없는지 검토한다.

★ 매출총이익률이 전월 대비 하락 → 전월에 비해 '원가율'이 상승했다. 원가율이 높아진 요인(재고 처분, 재고자산 평가손실, 매입가격 상승 등)을 분석하고 문제가 있으면 대책을 검토한다.

[이익 ②]
순매출이익

두 번째 이익은 **'순매출이익'**이다. '순매출이익'은 우리 회사에서 만든
신조어이다.

> **순매출이익 = 매출총이익 - 주문연동비**

순매출이익은 매출총이익(이익 ①)에서 주문연동비를 빼서 구한다.
'주문연동비'도 우리 회사에서 만든 신조어로 인터넷 판매의 경우
주문마다 반드시 발생하는 비용을 말한다. 카드결제 수수료, 배송비,
포장비, 상품 설명을 위한 동봉물, 사은품 등의 요금이다.
B2B 기업이라 할지라도, 실물 상품 등은 반드시 배송비가 발생하거나
취급 상품에 따라서는 매번 보험료가 발생하기도 한다. 주문이나
수주마다 어떤 비용이 발생하고 이것들이 이익에 미치는 영향을
살펴본다.
상품별로 배분하기 어려운 경우에는 회사의 주문연동비 총합을 상품
매출의 비율로 배분한다. 예를 들어, 여러 상품을 동시에 구매했을
경우 발생하는 카드결제 수수료 등을 주문별로 상품별로 배분하는

것이 어렵기 때문에 **카드결제 수수료의 총액을 각 상품의 매출 비율로**

배분하기도 한다(그림 18).

상품합계

매출총이익 4억 4,000만 원 - 주문연동비 5,000만 원 = 순매출이익 3억

9,000만 원

*순매출이익률 39%

상품 ①

매출총이익 2억 5,000만 원 - 주문연동비 3,000만 원 = 순매출이익 2억

2,000만원

*순매출이익률 37%

상품 ②

매출총이익 1억 2,000만 원 - 주문연동비 1,500만원 = 순매출이익 1억

500만 원

*순매출이익률 35%

상품 ③

매출총이익 7,000만 원 - 주문연동비 500만 원 = 순매출이익 6,500만 원

*순매출이익률 65%

그림 18 [이익 ②] 순매출이익을 구하는 방법

(만 원)

	상품합계	상품 ①	상품 ②	상품 ③
이익 ① 매출총이익	44,000	25,000	12,000	7,000
주문연동비 (카드결제 수수료, 배송비, 포장비, 동봉물, 사은품 등의 요금)	5,000	3,000	1,500	500
이익 ② 순매출이익	39,000	22,000	10,500	6,500
순매출이익률	39%	37%	35%	65%

주문연동비… 주문 및 수주 시마다 반드시 발생하는 비용. 카드결제 수수료, 배송비, 포장비, 동봉물, 사은품 등의 요금. 상품별로 할당이 어려울 때는 전체 주문연동비를 상품 매출의 비율로 배분한다. 비즈니스 모델이 B2B이고 주문 연동비가 들지 않을 때는 비워둬도 OK

순매출이익률의 변화에 따른 회사의 액션

☆ 순매출이익률이 전월 대비 상승 → 매출 대비 '주문연동비' 비율이 전월에 비해 하락했다. 요인을 분석하여 다른 상품에 적용할 수 없는지 검토한다.

★ 순매출이익률이 전월 대비 하락 → 매출 대비 '주문연동비' 비율이 전월에 비해 상승했다. 요인(무료배송 캠페인, 사은품 배포 등)을 분석하고, 이유에 따라 재검토를 실시한다.

전체 상품의 합계를 확인했을 때 '전월에 비해 갑자기 이익이

줄었다'거나 '매출은 증가했는데 이익이 늘지 않는' 경우가 있었다고

가정해 보자.

이럴 때, 특정 상품의 '순매출이익률'이 전월에 비해 극단적으로 낮아져

있을 수 있다.

예를 들어, 판촉으로 특정 상품을 무료배송하면 그 상품의 배송비는

자체적으로 부담하기 때문에 주문연동비가 증가한다. 따라서 상품 ①의

순매출이익률이 왜 떨어졌는가를 돌이켜보면, 이번 달에 상품 ①의

무료배송 캠페인을 했기 때문에 매출은 증가했지만, 그보다 배송비가 더

많이 들었고 순매출이익률은 늘어나지 않은 것이다.

매출만 보고 있으면 이러한 변화를 눈치채기 어렵다. 매출은

증가했지만, 그 이상으로 비용이 늘어나는 경우는 많다. "○○○를

주문하시면 △△△를 선물합니다"와 같은 사은품 배포 등도 주의해야

한다.

그밖에도 결제 방법이나 결제 수수료에 따라서도 달라진다. 카드결제

수수료가 0.1퍼센트 차이만 나도 순매출이익은 크게 달라진다.

배송비 등은 포장 크기에 따라 달라지기 때문에 상품 크기가 클수록

'배송비'라는 주문연동비가 많아질 수밖에 없다. 원가에 포함되지 않기

때문에 주문에 따라 발생하는 비용은 놓치기 쉬우므로 항상 주의 깊게 살펴봐야 한다.

[이익 ③]
판매이익

세 번째 이익은 **'판매이익'**이다. 이것도 우리 회사에서 만든 신조어이다.

> **판매이익 = 순매출이익 – 판촉비**

판매이익은 **순매출이익(이익 ②)에서 판촉비(판매촉진비)를 빼서 구한다.** 판촉비를 쓰면 당연히 매출은 올라간다. 이 판매이익이 오르지 않는 경우, 사실 쓸데없는 판촉을 하는 경우가 많다.

우리 회사의 경우 판촉비는 주로 광고비이다. 판매이익에 따라 **상품별로 광고가 이익에 미치는 영향**을 살펴본다.

직접 주문을 받기 위한 반응형 광고라면 집행 시점에 계상하고, 인지도 및 이미지 제고를 위한 TV 광고와 같은 경우에는 광고 효과의 유효기간을 설정하고, 그 기간 동안 매월 균등하게 감가상각하는 방식을 사용하고 있다(그림 19).

상품합계

순매출이익 3억 9,000만 원 - 판촉비 1억 9,900만 원 = 판매이익 1억 9,100만 원

*판매이익률 19%

상품 ①

순매출이익 2억 2,000만 원 - 판촉비 1억 6,000만 원 = 판매이익 6,000만 원

*판매이익률 10%

상품 ②

순매출이익 1억 500만 원엔 - 판촉비 3,500만 원 = 판매이익 7,000만 원

*판매이익률 23%

상품 ③

순매출이익 6,500만 원 - 판촉비 400만 원 = 판매이익 6,100만 원

*판매이익률 61%

상품별로 비교해보면, 가장 매출이 많은 상품 ①이 가장 낮은 판매이익을

그림 19 [이익 ③] 판매이익을 구하는 방법

(만 원)

	상품합계	상품 ①	상품 ②	상품 ③
이익 ② 순매출이익	39,000	22,000	10,500	6,500
판촉비 (주로 광고비)	19,900	16,000	3,500	400
이익 ③ 판매이익	19,100	6,000	7,000	6,100
판매이익률	19%	10%	23%	61%

판촉비··· 광고, 영업사원 인건비 등 수주에 드는 비용

판매이익률의 변화에 따른 회사의 액션

☆ 판매이익률이 전월 대비 상승 → 지출한 '판촉비'에 비해 상승한 매출의 효율이
전월에 비해 개선된 상태. 판촉비 투자효율 개선 요인을 분석하여 다른 상품에도
적용할 수 있는지 검토한다.

★ 판매이익률이 전월 대비 하락 → 지출한 '판촉비'에 비해 상승한 매출의 효율이
전월에 비해 악화된 상태. 판촉비 투자효율 악화 요인을 분석하고 이유에 따라
재검토한다.

기록하고 있음을 알 수 있다.

상품 ①은 상품 ②, 상품 ③에 비해 판촉비를 많이 쓰고 있기 때문에 매출은 올라가고 있지만, 이익에는 기여하지 못하고 있다. 매출이 크다고 해서 이익이 많아 나는 것은 아니라는 사실을 보여주는 전형적인 사례이다.

또, 전월에 비해 전체 판매이익률이 떨어졌다고 하자. 그렇다면 무슨 일이 벌어지고 있는 것일까?

상품별로 비교해보면 상품 ②의 판매이익률이 전월보다 극단적으로 떨어지고 있었다.

상품 ②의 판매이익률이 낮아진 이유를 알아보지, 이번 달에 상품 ②의 광고를 대량으로 집행했다. 그만큼 매출은 올라갔지만 광고비가 많이 투입되면서 판매이익률은 낮아졌고 이익은 늘어나지 않았다.

선행투자 등으로 판매이익률이 일시적으로 악화되어도, 연간으로 보면 판촉비 투자가 이익으로 이어지는 경우가 있으므로 당월만으로는 판단할 수 없다. 하지만 중요한 것은 판촉비가 결국 **'매출'이 아니라 '이익'으로** 이어지는가 하는 것이다. 이익에 기여하지 않는다면 당장 그만둬야 한다.

복수의 매장을 운영하는 소매업이나 음식점의 경우에는 상품별이 아닌 매장별로 5단계 이익관리를 실시해보는 것이 좋다(그림 20).

매장 사업 등은 입지가 매출을 좌우하고, 매장 자체가 광고의 역할을 하기 때문에 매장 임대료를 판촉비에 대입해 본다.

판매이익에 주목하면 '매장 ①은 매출은 높지만, 임대료 또한 비싸서 판매이익이 적다', '매장 ②는 매출은 낮지만, 임대료가 저렴해서 판매이익이 많다'는 것을 알 수 있다.

매출만을 따지면 입지가 좋은 곳에 출점하고 싶어지지만, 그만큼 임대료가 비쌀 수밖에 없다. 반면, 교외 지역 등 임대료가 저렴한 곳에 출점하면 매출은 낮아도 판매이익이 많아질 가능성이 있다.

[이익 ④]
ABC이익

네 번째 이익은 'ABC이익'이다.

ABC란 'Activity-Based Costing'의 약자로, 즉 **상품별 인건비**를 말한다.

ABC이익 = 판매이익 - ABC(상품별 인건비)

그림 20 매장별 5단계 이익관리표

(억 원)

	매장합계	매장 ①	매장 ②	매장 ③
매출	22,000	12,000	8,000	2,000
원가(요리의 원재료)	6,400	3,600	2,400	400
이익 ① 매출총이익	15,600	8,400	5,600	1,600
매출총이익률	**71%**	**70%**	**70%**	**80%**
주문연동비 (일회용 용기, 쇼핑몰 등의 수수료, 카드결제 수수료 등)	10,000	600	300	100
이익 ② 순매출이익	14,600	7,800	5,300	1,500
순매출이익률	**66%**	**65%**	**66%**	**75%**
판촉비(매장 임대료, 전단지, 광고비 등)	5,200	4,000	1,000	200
이익 ③ 판매이익	9,400	3,800	4,300	1,300
판매이익률	**43%**	**32%**	**54%**	**65%**
ABC(Activity-Based Costing, 직원의 인건비 등)	2,800	1,500	1,000	300
이익 ④ ABC이익	6,600	2,300	3,300	1,000
ABC이익률	**30%**	**19%**	**41%**	**50%**
운영비(본사 및 간접업무의 인건비)	14,000	760	510	130
이익 ⑤ 매장별 영업이익	5,200	1,540	2,790	870
매장별 영업이익률	**24%**	**13%**	**35%**	**44%**

- 매장 ①은 매출이 가장 높지만, 1등 입지이기 때문에 임대료도 상당히 비싸다. 따라서 판매이익이 매장 ②보다 적다.

- 매장 ②는 매출이 매장 ①보다 적지만, 교외지역에 위치했기 때문에 임대료가 저렴하다. 따라서 판매이익이 가장 많다.

- 매장 ③은 다른 매장들보다 이익률이 높은 메뉴가 잘 팔리고 임대료도 저렴하기 때문에 최종 영업이익률이 가장 높다. 그러나 매출이 너무 적어서 매장별 영업이익이 다른 두 곳에 미치지 못한다.

ABC이익은 **판매이익(이익 ③)에서 ABC(상품별 인건비)를 빼서 구한다**.

상품 및 서비스 판매에 드는 간접비용(인건비)을 사용 비율에 맞춰 배분함으로써 상품 및 서비스별 이익을 파악할 수 있다.

우리 회사의 경우, 모든 직원들에게 '상품별로 투입하는 시간'과 '그 외의 시간'의 비율을 매월 보고하도록 한다.

예를 들어 '상품 ①에 30%, 상품 ②에 20%, 상품 ③에 10%, 그 외에 40%' 등으로 보고하게 하고, 해당 직원의 인건비를 곱하여 **상품별 인건비**를 산출한다.

주문처리나 출하 등 '주어진 일을 그대로 받아들여 처리하고, 능동적으로 상품을 선택하여 행동하지 않는 직종'은 부서 인건비를 상품별 매출 비율에 맞춰 배분한다(상품별로 배분되지 않은 비용은 뒤에서 설명할 '운영비'에 배분한다).

상품합계

판매이익 1억 9,100만 원 - ABC 1,900만 원 = ABC이익 1억 7,200만 원

＊ABC이익률 17%

상품 ①

판매이익 6,000만 원 - ABC 500만 원 = ABC이익 5,500만 원

＊ABC이익률 9%

상품 ②

판매이익 7,000만 원 - ABC 1,200만 원 = ABC이익 5,800만 원

＊ABC이익률 19%

상품 ③

판매이익 6,100만 원 - ABC 200만 원 = ABC이익 5,900만 원

＊ABC이익률 59%

이 시점에서 ABC이익이 가장 높은 상품은 무엇일까? (그림 21)

상품 ②의 판매이익은 7,000만 원에 ABC이익은 5,800만 원.

상품 ③의 판매이익은 6,100만 원에 ABC이익은 5,900만 원.

상품 ③이 상품 ②를 역전했다.

매출은 높지만 ABC이익률이 낮은 경우가 드물게 있다. 이런 경우는
회사에서 사람의 노동력을 많이 필요로 하는 상품을 취급하는, 특히
서비스업에서 흔하게 볼 수 있다.

상품 ①, ②, ③의 ABC를 비교하면, 상품 ②가 1,200만 원으로 가장 높고,
상품 ③이 200만 원으로 가장 낮은 것을 알 수 있다.

즉, 상품 ②은 회사에서 사람의 노동력을 가장 많이 필요로 하는 상품인
것이다. 반면, 상품 ③과 같이 ABC가 낮은 상품은 **사내에서 관심을 받지**

그림 21 [이익 ④] ABC이익을 구하는 방법

(만 원)

	상품합계	상품 ①	상품 ②	상품 ③
이익 ③ 판매이익	19,100	6,000	7,000	6,100
ABC (Activity-Based Costing)	1,900	500	1,200	200
이익 ④ ABC이익	17,200	5,500	5,800	5,900
ABC이익률	17%	9%	19%	59%

ABC… 상품별 인건비, 영업 인건비를 판촉비에 넣는 회사는 업무부문의 인건비를 여기에 넣는다.

ABC이익률의 변화에 따른 회사의 액션

☆ ABC이익률이 전월 대비 상승 → 업무 효율이 전월보다 높아진 상태. 업무 효율 개선 요인을 분석하여 다른 상품에도 적용할 수 없는지 검토한다.

★ ABC 이익률이 전월 대비 하락 → 업무 효율이 전월보다 떨어진 상태. 업무 효율 악화 요인을 분석하고 이유에 따라 재검토한다.

못하는 경향이 있다.

이처럼 '매출은 높고 판촉비도 들지 않지만, 직원들의 노동력이 많이 들어 ABC가 비싸기 때문에 이익이 나지 않는 상품'과 '매출은 낮지만 가만히 놔둬도 알아서 잘 팔리기 때문에 ABC가 거의 들지 않고 이익이 많은 상품'이 있다.

회사 내에서 노동력을 많이 필요로 하는 상품과 사업은 인건비의 증가로 이어진다.

한 대형 항공사가 대형 항공기를 도입했다고 가정해 보자.

항공 비즈니스의 경우 대형기종이 한 번의 비행으로 많은 승객을 태울 수 있기 때문에 1회 운행당 매출액이 크다. 그래서 대형 항공사들이 앞다퉈 대형기를 도입하는 것이다.

하지만 ABC이익에 주목하면 또 다른 측면이 보인다.

신형 항공기의 도입은 새로운 유지보수 방법을 익혀야 하기 때문에 ABC가 증가한다. 대형기의 도입으로 매출은 늘어나지만, ABC 역시 증가하기 때문에 매출이 커진다고 해서 이익이 그대로 커지는 것은 아니다.

반면, LCC(저가 항공사)는 최대한 동일한 기종으로 운영하고 있기 때문에 유지보수의 번거로움이 적고 ABC가 낮다. 따라서 중소형기종의

1회 운행당 매출액이 낮아도 ABC이익이 높은 것이다.

우리 회사에서 ABC를 의식하기 시작한 것은 홋카이도 특산품에서
건강식품, 화장품으로 주력 상품을 전환할 때였다. 홋카이도 특산품은
상품 수가 많고, 각각의 캠페인도 진행하기 때문에 상품마다 소요되는
노동력과 이익에 차이가 있었다.
반면, 올리고당 건강식품은 정기 구매로 같은 상품을 같은 사람이 여러
번 구입하기 때문에 투입되는 인원과 노동력이 적다. 이때부터 나는
상품별 ABC에 주목하기 시작했다.
그랬더니 홋카이도 특산품보다 건강식품, 화장품이 압도적으로
ABC이익률이 높았다. 이후부터 ABC이익을 계속 관리하게 되었다.

매출을 올리기 위해 공을 들인 상품일수록 사내에서 화제가 되기 쉽다.
반면에 손이 많이 가지 않는 상품은 화제조차 되지 않는다.

노동력이 많이 투입되고 있다 = ABC가 많이 들어간다
노동력이 많이 필요하지 않다 = ABC가 적게 들어간다

사내에서 화제가 되지 않는 상품이 ABC이익률은 높을 수 있다. **회의에서**

관심을 받는 상품과 이익이 나는 상품은 다른 것이다.

[이익 ⑤]
상품별 영업이익

마지막 다섯 번째 이익은 **'상품별 영업이익'**이다.

> **상품별 영업이익 = ABC이익 - 운영비**

상품별 영업이익은 **ABC이익(이익 ④)에서 운영비를 빼서** 구한다.
운영비는 **사무실 임대료나 간접업무의 인건비** 등이다. **판관비에서
주문연동비, 판촉비, ABC를 뺀 것**이 된다.

> **운영비 = 판관비 - 주문연동비 - 판촉비 - ABC**

운영비는 정확히 상품별로 할당하기 어렵기 때문에, **운영비 총액을 상품
매출의 비율로 배분한다.** 이렇게 하면 상품별 영업이익을 알 수 있다
(그림 22).

상품합계

ABC이익 1억 7,200만 원 - 운영비 7,000만 원 = 상품별 영업이익 1억 200만 원

*상품별 영업이익률 10%

상품 ①

ABC이익 5,500만 원 - 운영비 4,200만 원 = 상품별 영업이익 1,300만 원

상품 ②

ABC이익 5,800만 원 - 운영비 2,100만 원 = 상품별 영업이익 3,700만 원

상품 ③

ABC이익 5,900만 원 - 운영비 700만 원 = 상품별 영업이익 5,200만 원

이렇게 보면 이익에 기여하는 상품과 그렇지 않은 상품이 **한눈에 들어온다**.

상품 ① 매출 6억 원에 상품별 영업이익 1,300만 원
*상품별 영업이익률 2%

상품 ② 매출 3억 원에 상품별 영업이익 3,700만 원
*상품별 영업이익률 12%

상품 ③ 매출 1억 원에 상품별 영업이익 5,200만 원
*상품별 영업이익률 52%

그림 22 [이익 ⑤] 상품별 영업이익을 구하는 방법

(만 원)

	상품합계	상품 ①	상품 ②	상품 ③
이익 ④ ABC이익	17,200	5,500	5,800	5,900
운영비 (임대료 및 간접업무 인건비)	7,000	4,200	2,100	700
이익 ⑤ 상품별 영업이익	10,200	1,300	3,700	5,200
상품별 영업이익률	10%	2%	12%	52%

운영비… 임대료 및 간접 업무 인건비 등

운영비 = 판관비 - 주문연동비 - 판촉비 - ABC

◎ 운영비는 고정비에 가까운 비용이며, 고정비는 거의 매출 규모에 따라 증가하기 때문에 '전체 운영비'를 상품별 매출에 따라 배분한다.

◎ 월별 영업이익률의 상승과 하락은 운영비보다 그 전 단계인 매출액, 매출총이익, 순매출이익, 판매이익, ABC이익에 의한 부분이 더 크다. 따라서, 먼저 상품별 영업이익률을 전월과 대비하여 상승과 하락을 보인 상품을 파악하고, 해당 상품의 매출총이익율, 순매출이익률, 판매이익률, ABC이익률 중 어느 부분에서 변화의 요인 있는지를 분석한다.

앞서 언급한 5가지 이익 비중, 즉 **① 매출총이익율, ② 순매출이익률,**

③ 판매이익률, ④ ABC이익률, ⑤ 상품별 영업이익률에 주목해보면,

극단적으로 이익률이 낮은 곳이 있다.

다시 한번, 그림 16번(104페이지)을 살펴보자.

상품 ①은 매출이 가장 높지만, 판매이익률이 낮고, 상품별 영업이익이

적다.

상품 ②은 ABC(상품별 인건비)가 가장 많이 들어간다.

상품 ③은 매출이 가장 낮지만, 매출총이익률이 높고, 판촉비가 낮다.

ABC도 적기 때문에 노동력도 덜 투입된다. 이 상품이 사실은 **가장 많은**

이익을 내는 최고의 상품인 것이다.

이처럼 이익을 '상품별'로 5단계로 시각화함으로써, '매출은 많지만

이익은 나지 않는 상품'과 '매출은 적지만 실제로는 이익이 나고 있는

상품' 등을 한눈에 알 수 있다.

또한, 월별로 비교하다 보면 이익과 이익률이 떨어졌을 때, **'어떤 상품의**

어느 단계'에서 문제가 있는지 한눈에 찾아볼 수 있기 때문에 어떤 조치를

취해야 하는지 바로 알 수 있다.

바로 당신 회사의 약점을 한눈에 파악할 수 있는 것이다.

또한, 약점을 파악할 뿐만 아니라 **강점도 알 수 있다.**

'노동력이나 비용이 들지 않지만 이익이 많은 상품'의 특징을 분석하고,

그 요인을 **신상품 개발이나 신규 사업 개발에 활용**하는 것이다.

이를 통해 이전보다 **적은 노력과 비용으로 이익을 증가**시킬 수 있게 된다.

이렇게 해서 회사를 **효율 경영**으로 바꿔나가는 것이다.

2

5단계
이익관리 도입법

이익을
어떻게 분류할 것인가?

5단계 이익관리는 **모든 업종에서 사용할 수 있다.**

5단계 이익관리를 도입하는 대략적인 흐름은 다음과 같다.

① 이익의 분류 방법을 결정한다.

② 5단계 이익관리의 비용 항목을 결정한다.

③ 경영자가 솔선수범하여 도입하고 월별로 공유한다.

먼저 ① 이익의 분류 방법부터 설명하겠다.

그림 16(104페이지)에서는 상품별로 이익을 분석했지만, 그림 20

(116페이지)과 같이 매장별로 분석해도 좋고, 메뉴별로 분석해도 좋다.

물론 여러 단계의 이익관리를 수행해도 좋다. 우리 회사는 **상품과 입점한**

인터넷 쇼핑몰을 기준으로 분석을 하고 있다.

예를 들어, 아마존, 라쿠텐, 자사몰이라는 분류도 가능하다.

아마존은 주문 처리부터 물류, 배송까지 모두 대행해주고 있기 때문에,

이 경우 ABC(상품별 인건비)가 많이 들지 않는다. 따라서 ABC이익률은

자사몰에서 판매할 때보다 높아질 것이다.

우리 회사는 최근 지역 라디오 방송국을 인수했다.

경영개선을 위해 방송국의 프로그램별 5단계 이익관리표를 만들어

보았다.

5단계 이익관리표로 살펴봤더니 문제점이 한눈에 들어왔다. 방송국의

'간판 프로그램'과 '인기 프로그램'이 적자였던 것이다.

간판 프로그램이나 인기 프로그램이기 때문에, 다른 프로그램보다

제작비(원가)가 많이 들어가는 것은 물론 다른 프로그램보다 ABC도 더 많이 투입되고 있었다.

하지만 그에 상응하는 만큼의 광고 수입 증가는 동반되지 않아 ABC이익 단계에서 적자였다. 즉, 간판 프로그램을 멈추는 것만으로도 이익이 증가한다는 것이었다.

다만, 단편적으로 그렇게 할 수는 없었기 때문에 광고 수입에 맞춰 제작비나 ABC를 빠르게 조정하거나 해당 프로그램의 광고 수입을 늘릴 필요가 있었다.

이처럼 경영개선을 실시할 때, **'어디서부터 손을 대야 할지'를 한눈에 파악하게 해주는 5단계 이익관리는 매우 효과적이다.**

영업조직이 중심이 되는 회사 등은 상품별로는 물론 **고객별로도 5단계 이익관리**를 하는 것이 좋다.

거래 금액이 큰 클라이언트 등은 할인 요구도 강하며, 거래 금액에 비해 매출총이익이 낮은 경우도 많이 있을 것이다.

또한, 영업 관련 인건비를 '판촉비'로 할당함으로써 '영업사원의 시간을 많이 빼앗는 판매이익이 낮은 고객' 등이 드러나게 된다.

거래 금액이 큰 클라이언트는 담당 영업사원뿐만 아니라 영업보조원의 시간, 인건비가 비싼 영업부장의 방문 등 영업에 투입되는 인건비가 많이

그림 23 영업회사의 5단계 이익관리

(만 원)

	합계	고객사 ①	고객사 ②	고객사 ③
매출	160,000	80,000	50,000	30,000
원가(요리의 원재료)	120,000	70,000	35,000	15,000
이익 ① 매출총이익	40,000	10,000	15,000	15,000
매출총이익률	25%	13%	30%	50%
주문연동비 (상품 배송료, 옵션 서비스 품목 등의 비용)	8,000	4,000	2,500	1,500
이익 ② 순매출이익	32,000	6,000	12,500	13,500
순매출이익률	20%	8%	25%	45%
판촉비(영업 관련 인건비, 광고비, 판촉물 등의 비용)	5,500	4,000	1,000	500
이익 ③ 판매이익	26,500	2,000	11,500	13,000
판매이익률	17%	3%	23%	43%
ABC(Activity-Based Costing, 업무부문의 인건비)	4,000	2,500	1,000	500
이익 ④ ABC이익	22,500	-500	10,500	12,500
ABC이익률	14%	-1%	21%	42%
운영비(임대료 및 간접업무의 인건비 등)	14,000	7,000	4,375	2,625
이익 ⑤ 상품별 영업이익	8,500	-7,500	6,125	9,875
고객사별 영업이익률	5%	-9%	12%	33%

- 고객사 ①과의 거래는 매출은 가장 크지만, 할인율이 높아 '매출총이익률'이 가장 낮다. 또한, 담당 영업사원뿐만 아니라, 영업보조원, 영업부장의 방문 등 수고로움이 많아 '판매이익률'이 가장 낮다.
- 고객사 ③과의 거래는 매출은 가장 적지만, 거의 정가로 납품되고 있어 '매출총이익률'이 높다. 주문연동비, 판촉비, ABC도 많이 들지 않아 '영업이익'이 가장 많이 남는다.
- 고객사 ②는 그 중간이다.

  이 회사의 경우 고객사 ①과의 거래를 중단하면 매출이 16억 원에서 8억 원으로 반토막 나지만, 총영업이익은 8,500만 원에서 1억 6,000만 원으로 두 배 가까이 증가한다.

들어가는 경우도 많다. 영업 관련 직원들이 많이 관여하고, 사내에서도 많은 관심을 갖는 고객사보다 영업사원이 거의 방문하지 않는 고객사가 오히려 이익으로 연결되는 경우도 있다.

그림 23의 고객사 ①은 매출은 가장 많지만 실제로는 적자를 보이고 있으며, 이 대형 고객과의 거래를 중단하는 것만으로도 이익은 증가한다.

5단계 이익관리의 비용 항목 결정하기

매출에서 각종 비용을 뺀 상품별 영업이익을 도출하기까지 **원가, 주문연동비, 판촉비, ABC, 운영비**에 자사의 어떤 비용을 적용할 것인가? 어떤 항목에 어떤 비용을 넣느냐가 포인트가 되기 때문에, 한 번 해보고 맞지 않다면 수시로 재검토를 할 필요가 있다.

특히, 주문연동비, 판촉비, ABC는 업종, 업태에 따라 비용을 적용하는 방법에 대한 고민이 필요할 것이다.

❶ 주문연동비

상품을 판매하는 회사는 반드시 발생하지만, B2B 회사는 발생하지 않을 수도 있다. 그럴 경우 빈칸으로 비워두면 된다.

우리 회사의 경우, **주문을 받는 순간 주문연동비가 계상된다.** 상품에 동봉하는 설명서와 포장재를 재고로 가지고 있으며 매출이 발생할 때 비용으로 계상된다. 또한, 주문이 들어오면 반드시 결제 수수료를 지불한다. 대금결제 수수료, 카드결제 수수료 등이 있다.

어떤 회사는 인기 있는 사은품을 붙여 매출을 올리는 데 성공했다. 하지만 이익은 증가하지 않았다. 주문연동비를 살펴보면 사은품의 비용이 너무 높았기 때문이다.

또 다른 회사에서는 사장이 포장재에 너무 집착하는 바람에 너무 고급스러운 화장품 상자를 완성했다. 고객들의 평판은 좋았지만, 주문연동비가 너무 커져 이익이 나기 어려웠다.

배송비는 상품 크기에 따라 달라진다. 나는 예전에 한 회사의 인기 상품을 판매해달라는 부탁을 받은 적이 있었다. 하지만 제품의 사이즈가 너무 컸기 때문에 높아진 배송료로 주문연동비가 너무 높게 나와 취급을 포기한 적이 있다.

배송비는 택배사에 따라 규격이 있으며 제품 크기에 따라 배송비가 부과된다. 따라서 우리 회사는 택배사의 규격에 맞춰 상품 사이즈를

정하고 있다. 배송비가 높은 상품은 '순매출이익'이 나빠진다는 점에
유의하자.

❷ 판촉비

판촉비는 **매출을 올리는 데 드는 비용**이라고 생각한다.

인터넷 쇼핑몰의 경우, 판촉비는 주로 광고비이다. B2B 영업을 하는
회사에서는 영업부문의 인건비를 판촉비로, 수주 후 납품에 투입되는
업무부문의 인건비를 ABC로 대체하면 실체를 파악할 수 있다.

판촉비를 투입하면 매출은 올라간다. 인터넷 쇼핑몰의 경우 광고비를
집행하면 매출은 올라가고, B2B 회사는 영업사원을 총동원하여 영업을
하면 매출은 확실하게 올라간다. 다만, 그만큼 판촉비가 들기 때문에
이익은 줄어들게 된다.

❸ ABC

인해전술로 운영되는 회사는 인건비가 많이 든다.

예를 들어, 소프트웨어 산업의 원가관리 핵심은 인건비다. 한 사람의
직원이 복수의 소프트웨어 개발에 관여하는 경우도 있기 때문에,
직원들이 어떤 프로젝트에 자신의 시간을 몇 퍼센트 투입하고 있는지
월별로 보고를 받는다. 그 직원의 인건비를 투입한 시간 비율에 맞춰 각

프로젝트의 원가에 넣는다. 그러면 소프트웨어가 팔리더라도 인건비가 너무 많이 들어서 이익이 나지 않는 경우를 바로 알 수 있다.

음식점에서는 메뉴별 매출이 있다면 조리에 소요되는 시간으로 ABC를 계산할 수 있다. 이 메뉴의 매출은 높지만, 조리에 시간과 수고가 많이 들기 때문에 이익률이 낮을 수 있다. 주목해야 하는 것은 **회사에서 사각지대가 되기 쉬운 포인트를 의식하는 것이 중요하다.**

경영자가 솔선수범하여 도입하고
매월 공유한다

5단계 이익관리는 직원들에게만 맡겨서는 안 된다. 경영자 스스로 관리해야 한다.

중소기업이라면 당연히 사장이 직접 관리해야 한다. 대기업에서는 실무는 회계담당자에게 맡겨도 월별 결산 결과를 항상 보고 받고, 회의에서 직접 이야기해야 한다. 회사가 이익 체질이 되도록 매일매일 개선해야 하는 것이다.

전월과 비교하여 영업이익이 증가하지 않았을 때는 어디에 원인이 있는지. 전월과 당월을 철저하게 비교분석한다.

예를 들어, 영업이익이 증가하지 않은 원인이 광고비(판촉비)를 너무 많이 집행했기 때문인지, 무료배송 캠페인(주문연동비)을 진행하고 있기 때문인지를 바로 알 수 있다.

이러한 실행방안들이 다음 달 이후의 이익 증가로 이어질 가능성은 있다. 그러나 현재로서는 매출은 늘었지만 이익은 떨어지고 있기 때문에, 아직 기뻐할 단계는 아닌 것이다.

다음 장부터는 각종 경영 전략과 이익의 관계성을 살펴보면서 회사를 이익 체질로 만드는 방법을 알려주겠다. 지금부터의 흐름은 그림 24와 같다. 당신이 가장 고민이라고 생각되는 부분부터 읽어보아도 좋을 것이다.

그림 24 5단계 이익관리의 각 이익과 장의 대응

경영전략	→ 4장: 상품 전략 (작은 시장을 압도하는 고품질의 상품) → 5장: 판매 전략 (원하는 사람에게만 전달) → 6장: 고객 전략 (반복 구매를 유도한다) → 8장: 경영×마케팅 전략
매출	
경비 ① 원가	→ 4장: 상품 전략 (작은 시장, 고품질, 스테디셀러를 노린다)
이익 ① 매출총이익	
경비 ② 주문연동비	→ 4장: 상품 전략 (주문연동비가 들지 않는 상품 개발) → 7장: 인재 전략 (직원의 이익 의식을 높이고 주문연동비를 절감)
이익 ② 순매출이익	
경비 ③ 판촉비	→ 5장: 판매 전략 (원하는 사람에게만 전달하는 영업 전략, 이익으로 이어지지 않는 영업은 그만둔다) → 6장: 고객 전략(엔카의 전략으로 고객과 평생을 함께하고, 재구매율을 높여 신규고객 유치비용 절감)
이익 ③ 판매이익	
경비 ④ ABC	→ 7장: 인재 전략 (업무 흐름을 분석한 적재적소의 인력 배치, 고객과 평생 교제하는 체계, 직원의 이익 의식을 높이고 ABC를 절감)
이익 ④ ABC이익	
경비 ⑤ 운영비	→ 7장: 인재 전략 (업무 흐름을 분석한 적재적소의 인력 배치, 직원의 이익 의식 제고 및 운영비 절감)
이익 ⑤ 상품별 영업이익	

제**4**장

작은 시장에서
압승하는
상품 전략

1

품질 중시, 스테디셀러를 겨냥한 상품 개발

비즈니스 모델을
특산품에서 건강식품으로 바꾼 이유

우리 회사가 취급하는 상품은 건강식품, 화장품 등 거의 한 달이면 다 써버리는 것들이다. 그래서 마음에 들면 고객이 매달 재구매를 하게 된다. 고품질의 상품으로 스테디셀러를 노리는 비즈니스 모델이기 때문에 정기 구매를 통한 매출 비중이 약 70퍼센트에 달한다. 이것이 이익을 창출하는 원천이 되고 있다.

어떻게 이것이 가능했을까?

같은 제품을 생산하면 할수록 품질은 향상되고 비용은 감소하며 원가는 낮아진다. 정기 구매를 받을 수 있다는 것은 신규고객 개척에 드는 비용이 필요 없다는 뜻이다. 따라서 판촉비가 적게 든다. 5단계 이익관리의 비용 항목 중 **'원가'**와 **'판촉비'** 두 가지가 낮아져 이익률이 높아진다.

이 비즈니스 모델이 탄생하게 된 계기는 한 건강식품이었다.

우리 회사는 홋카이도 특산품을 매입하여 판매하는 인터넷 쇼핑몰을 운영하고 있었는데, 얼마 지나지 않아 지역 업체에서 "우리 제품도 취급해 달라"라는 요청이 늘어났다.

한 번은 "올리고당으로 만든 건강식품을 취급해 달라"는 요청이 들어왔다. 위장 기능을 돕고 배변을 원활하게 해준다는 것이다.

올리고당이 왜 홋카이도 특산품일까? 간단히 설명해 보자.

설탕의 원료는 사탕수수 또는 사탕무이다. 사탕수수는 잘 알려져 있지만, 사탕무는 생소할 수도 있다. 열대지방에서 자라는 사탕수수와 달리 사탕무는 냉대기후와 온대기후에서도 기를 수 있다는 장점이 있다. 사탕무의 뿌리를 짜낸 즙을 끓이면 설탕이 만들어지는 것이다.

이 사탕무는 홋카이도에서만 재배한다. 그리고 사탕무로 설탕을 만들 때 부산물로 올리고당이 생긴다.

이 올리고당으로 만든 건강식품을 홋카이도 특산품으로 팔지 않겠느냐는 요청이 들어왔을 때, 일단 나는 거절을 했다. 홋카이도 게와 멜론을 원하는 고객에게 변비 개선에 효과가 있는 건강식품은 팔리지 않을 것 같았기 때문이다.

그런데도 상대 영업사원은 열심이었다.

"어쨌든 한번 시도해 보세요"

"열심히 하시는 것은 좋지만, 저희 쇼핑몰에서는 판매할 수 없습니다"

"3일만 먹어보시면 알 수 있을 겁니다"

정말 끈기 있게 건강식품을 맡겼다. 나는 변비가 아니었기 때문에 변비가 심했던 직원 2명에게 먹어보게 했다. 그랬더니

"사장님. 깜짝 놀랐어요!"

"어?"

효과는 확실했다.

"지금까지 변비약을 먹으면 배가 아픈 적이 많았는데요. 그런게 전혀 없고 자연스럽게 일을 볼 수 있었어요. 이거 정말 대단해요!"

그렇다고 해도, 음식 위주의 특산품을 파는 쇼핑몰에서 변비 개선에

효과가 있는 건강식품이 팔릴 수 있을까?

고민 끝에 일련의 에피소드를 그대로 고객에게 전달하기로 했다.

"올리고당으로 만든 건강식품을 취급해달라는 부탁을 받았습니다"로
시작하는 일화를 뉴스레터에 담아 고객에게 발송한 것이다.

오랜 고통에서 해방되는 기쁨에 큰 호응

그러자 놀랍게도 주문이 쇄도했다. 생각보다 변비로 고생하는 사람들이
많았다. 기존 고객 중 약 40퍼센트의 여성들이 변비로 고민하고 있었다.

"20년 동안의 고통이 며칠 만에 해결되어 감사하다는 말밖에 할 말이
없어요"

"그동안의 고통이 싹 사라지는 것 같아요. 단 3일 만에 다시 태어난
기분이에요"

감사 메일의 열기에 가슴이 뭉클해졌다.

홋카이도 특산품인 게와 멜론도 "맛있었다"라는 말을 많이 들었지만,
변비 개선에 대한 기쁨의 목소리는 차원이 달랐다.

'고민이 해결된 기쁨이란 게 이렇게 큰 것인가?'

최고로 맛있는 것을 먹는 기쁨. **오랜 고통이 한순간에 해소되는 기쁨.**

영향력이 큰 것은 후자였다.

이것이 계기가 되어 **고민 해결형 미용·건강식품**의 자체 개발에 주력하게

되었다.

신규 사업, 신상품 개발을 할 때는 반드시 GDP가 증가해야 한다

나는 예전부터 고객의 고민을 해결하는 새로운 상품을 만들고 싶었다.

경쟁사와 경쟁하는 것이 아니라, 기존에 없던 새로운 상품, 새로운

시장을 만들고 싶은 마음은 사회 초년생 시절부터 있었다.

리크루트에 근무하던 시절, 어느 회사의 구인광고를 수주하기 위해

영업을 나가면 반드시 경쟁자가 나타났다. 1,000만 원짜리 구인광고를

내가 수주해도, 경쟁사가 수주해도 크게 보면 GDP(국내총생산)는

변하지 않는다.

나는 그런 일에 힘을 쏟고 싶지 않았다. 지금까지 없었던 새로운 것을

세상에 내놓는 데 힘을 쏟고 싶었다. 시간이 갈수록 그런 생각은 커져만

갔다.

우리 회사의 기본 방침에는 다음과 같은 메시지가 있다.

"신규 사업, 새로운 상품을 개발할 때는 반드시 GDP가 증가해야 합니다"

패스트 세컨드는 노리지 않는다. 타사의 히트상품을 모방하는 일은
절대 하지 않는다. 경쟁사로부터 고객을 빼앗지 않는다. 새로운 시장을
만드는 일밖에 하지 않는다.
이런 의미에서 올리고당으로 만든 건강식품은 아주 좋은 상품이었다.
하지만 그것은 우연히 찾아왔을 뿐이었다.
이후로 직원들은 다양한 건강식품을 찾아와서 똑같이 먹어보기도 했다.
그러나 납득할 만한 제품은 만날 수 없었다.

그래서 직접 개발하기로 했다.

자체적으로 기획하고 OEM 업체에 시제품을 만들어
달라고 요청한다. **'놀랄 만큼 좋은 상품'**이 나오면 출시한다.
이것이 고민 해결형 미용·건강식품을 취급하는 자회사
기타노카이테키코보(北の快適工房)의 시작이다.
홋카이도 특산품 인터넷 쇼핑몰이 본업, 고민 해결형 미용·건강식품은
부업으로 시작되었다.

지금까지 개발한 주요 제품은 변비 고민을 해결하는 건강식품(2006년), 눈 밑 고민에 바르는 아이크림(2015년), 잔주름 고민을 위한 히알루론산 딥 패치(2016년), 늙어 보이는 손을 위한 핸드크림(2018년) 등이 있다.

이 모든 제품은 '고민'을 주제로 만들어졌다.

그중에서도 '히알루론산 딥 패치'는 히알루론산 등 미용 성분을 고형화해 극소형 바늘로 만들어 피부에 직접 찔러 미용 성분을 침투시키는 '마이크로 니들 화장품'으로 주목받았다.

'마이크로 니들 화장품' 시장에서 매출 세계 1위를 차지하며 2020년 9월 기네스 기록을 인정받았다.

이러한 히트상품 개발 과정의 비하인드 스토리를 살짝 공개하겠다.

작은 시장에서
압승하는 전략

상품 개발은 '고객의 고민'에서 시작된다.

여기에는 작은 시장에서 승부하려는 의도가 있었다.

대기업이 진입하기에는 너무 작은 시장을 개척하고, 중소기업이 흉내

낼 수 없는 고품질의 제품을 내놓는다. 내 생각에 대기업은 200억 원 미만의 작은 시장에는 진입하지 않는다. 즉, **작은 시장에서 압승하는 전략이다**.

작은 시장을 개척하는 팁은 **'고객의 고민'**이다. 사내 기획회의에서는 고객들에게 어떤 고민이 있는지를 논의한다.

예를 들어, 나이를 먹으면 먹을수록 눈 밑이 처진다. 처진 상태를 그대로 두면 늙어 보이는 얼굴이 된다. 이 고민을 해결할 수 있는 상품이 없을까 고민하고, '눈 밑 고민 해결 시장'을 설정한다.

다음으로 고민을 해결할 상품의 형태를 생각한다.

블랙커런트 성분이 혈류를 촉진하고 피부에 탄력을 주어 고민 해결에 도움을 주는 보충제, 젤 형태의 에센스 등 다양한 샘플을 만들어 모니터 조사를 한 결과, 가장 높은 평가를 받은 것은 크림이었다. 이것이 눈 밑 고민에 바르는 크림 '아이키라라'라는 상품으로 완성되었다.

이처럼 처음부터 상품의 형태는 정해져 있지 않았다. **고민을 해결할 수 있다면 상품 형태는 상관없다.**

이 경우에는 눈 밑의 고민을 해결하기 위해 건강식품, 젤, 크림 등을 만들었고, 결과적으로 크림이 상품화되었다. 나중에 사람들이 이런 종류의 제품을 '아이크림'이라고 부른다는 것을 알게 되었다.

언뜻 보기에 아이크림은 화장품 회사들도 생산하고 있기 때문에

대기업과 경쟁하는 것처럼 보인다. 그러나 실제로는 **'눈 밑 고민**

해결 시장'이라는 기존에 없던 틈새시장을 개척한 제품이기 때문에

대기업과는 직접 경쟁하지 않는다.

화장품 회사들은 다양한 상품 라인업을 구성하고 있다. 클렌징, 세안제,

스킨, 로션, 크림, 에센스 등이다. 우리는 상품 라인업을 하고 있지

않다. 대기업 화장품을 사용하는 사람들에게 "우리 화장품으로 바꾸지

않겠습니까?"라고 제안하는 것도 아니다. 현재 사용하는 화장품을

사용하면서 "눈 밑 처짐이 고민이라면, 이 크림도 함께 사용해보지

않겠습니까?"라고 제안한다.

손발톱이 변색되고, 갈라지는 고민을 위한 젤은 한 달에 10억 원

안팎, 연간 100억 원 이상 팔렸다. 화장품 업계 관계자들은 "어떻게

화장품으로 이런 고민을 해결하려고 생각했어요?"라며 놀라움을 금치

못했다.

하지만 처음부터 화장품으로 고민을 해결하겠다고 생각했던 것은

아니다. **고민을 해결하는 상품을 개발하다 보니 결과적으로 화장품**이 된

것뿐이다. 어떤 경우에는 '세제'의 형태로 나온 것도 있었다.

이러한 상품들은 카테고리 이름으로는 검색되지 않는다.

예를 들어 '핸드크림'이라고 검색한 사람은 우리 회사의 '손등 혈관이 튀어나오는 고민'을 위한 제품을 절대 사지 않을 것이다.

핸드크림의 평균 가격은 15,000원 정도인데, 손등 혈관 고민용 크림은 32,670원이나 되기 때문에 평범한 핸드크림을 원하는 사람은 구매하지 않는다.

반면, '손등', '혈관' 등을 검색한 사람이라면 구매할 가능성이 있다.

고민을 해결해주는 상품이 그대로 시장에 나와있기 때문이다. 그것은 '눈 밑', '처짐', '손톱', '갈라짐'도 마찬가지다. 당시에는 키워드로부터 역산하여 상품을 개발하고 있었다. 검색하는 사람이 많은 키워드에서 '고객의 고민'을 생각하고, 경쟁 상품이 없을 때 상품 기획을 시작했다.

품질에 집중하는 이유

잘 팔리는 상품에는 이유가 있다. 상품 자체의 품질, 상품명, 디자인, 홍보, 가격, 사후관리 등이 있다.

상품 개발을 시작한 초기 단계에서는 '이 모든 요소를 다 아우르는 것은 불가능하다'라고 판단하고, 품질에 집중하기로 결정했다. 여기에 사람과 돈을 집중시키고 다른 중소기업이 흉내 낼 수 없는 품질을 구현하고자 했다.

품질은 재구매율에도 영향을 미친다. 계속 팔리는 상품이야말로 높은 이익을 창출한다.

그중에서도 **'소비자 관점에서의 품질'**에 심혈을 기울였다. 기업들은 상품을 개발할 때, 어쩔 수 없이 생산자의 입장에서 좋고 나쁨을 말하게 된다. 그 결과, 소비자의 관점을 간과하게 된다. 내용물이 좋고 나쁨과 사용성은 별개다. 상품은 **'실제 사용에 편리한가'**가 중요한 것이다.

우리가 운이 좋았던 것은 올리고당으로 만든 건강식품을 통한 첫 경험이었다.

우리가 스스로 써보고 좋았기 때문에 고객들에게 자신 있게 추천할 수 있었고, 많은 고객들이 만족해주셨다. "사장님. 자연스럽게 고민이 해결되었어요, 이거 정말 대단해요!"라는 직원의 목소리가 있었기 때문에 "오랜 고민이 며칠 만에 해결되어 감사하다는 말밖에 할 말이 없다"는 고객의 목소리로 이어진 것이다.

그래서 지금도 상품 품질에 대한 최종 판단은 제조업체나 모니터에 맡기지 않는다.

시제품이 완성된 후에는 3개월에 걸쳐 모니터 조사를 실시하지만,

최종적으로는 전 임직원이 직접 사용해보고 판단한다.

소비자 관점에서의
품질을 평가하는 750항목

상품의 '좋고 나쁨'을 결정하기 위해서는 판단 기준이 필요하다.

고객의 사용 전, 사용 단계에서의 품질의 개념을 설정하고, 독자적으로

750개의 평가 항목을 만들었다(그림 25). 문의나 클레임이 들어올

때마다 사내에서 공유하면서 평가 항목이 점차 늘어갔다.

몇 가지 항목에 대해 소개하면 다음과 같다.

예를 들어, 배송에 따른 품질 변화 체크 항목. 배송이 출발하는 곳은

기온이 낮은 홋카이도의 자체 창고이다. 한겨울이면 영하의 환경에

상품이 놓이게 된다. 이 상품은 기온이 높은 남부 지방으로 배송이

되어 사용되게 될 것이다. 홋카이도의 연평균 기온은 9.8℃, 도쿄는

16.5℃이다. 한여름 상품이 택배함에 장시간 방치되는 것을 고려하면,

그림 25 750개의 평가 항목의 케이스

번호	체크	테스트 항목	실시내용·실시조건	확인 대상	체크포인트	결과	결과 상세	실시 일	확인 자
1	☐				색상에 이상이 없는가				
2	☐			용기·포장	외관에 이상이 없는가				
3	☐				강도에 이상이 없는가				
4	☐				그 밖의 이상이 없는가				
5	☐		30℃ 20시간→50℃ 4시간의 사이클 환경에서 5일간 보관했을 때, 제품 품질에 이상이 없는지 확인한다.		꺼내기 쉬움에 이상이 없는가				
6	☐	내열 검증 시험			색상에 이상이 없는가				
7	☐				형태에 이상이 없는가				
8	☐				냄새에 이상이 없는가				
9	☐			내용물	질감에 이상이 없는가				
10	☐				맛에 이상이 없는가				
11	☐				사용감에 이상이 없는가				
12	☐				효과에 이상이 없는가				
13	☐				그 밖의 이상이 없는가				
14	☐				색상에 이상이 없는가				
15	☐			용기·포장	외관에 이상이 없는가				
16	☐				강도에 이상이 없는가				
17	☐				그 밖의 이상이 없는가				
18	☐		(냉동 24시간→상온 24시간)×2사이클 환경에서 4일간 보관했을 때, 상품 품질에 이상이 없는지 확인한다.		꺼내기 쉬움에 이상이 없는가				
19	☐	내한 검증 시험			색상에 이상이 없는가				
20	☐				형태에 이상이 없는가				
21	☐				냄새에 이상이 없는가				
22	☐			내용물	질감에 이상이 없는가				
23	☐				맛에 이상이 없는가				
24	☐				사용감에 이상이 없는가				
25	☐				효과에 이상이 없는가				
26	☐				그 밖의 이상이 없는가				
27	☐			외장 상자 (1개 포장품)	파손이 없는가				
28	☐				얼룩이 없는지				
29	☐				홈집이 없는가				
30	☐				변형이 없는가				

온도 변화에 따라 상품의 품질이 변해서는 안 된다. 또한, 배송 과정에서 상자가 던져질 가능성도 있다.

그래서 출시 전에 전국 각지로 상품을 보내고, 그것을 다시 홋카이도 사무실로 돌려보내 포장, 내용물, 동봉된 인쇄물에 이상이 없는지를 확인한다. 변화가 있으면 상품 제작부터 다시 시작하거나 포장 방법을 개선한다.

실제로 사용해봐야 알 수 있는 것도 있다. '스무살의 폼'이라는 칙칙한 피부의 고민을 해결하기 위해 세안크림을 개발했을 때의 일이다.

세안크림은 사용하는 사람마다 놓는 장소가 다르다. 세면대에 두는 사람도 있고, 욕실 안에 두는 사람도 있다. 위치한 장소에 따라 온도와 습도가 다르다. 그것이 크림의 탄력성에 영향을 주는 것이다. 하지만 당시에는 그 사실을 몰랐다.

한 번은 사용설명서에 "한 번에 이 정도의 양을 사용하세요"라는 사진을 게재했다. 그러자 직원 중 한 사람이 이렇게 말했다.

"이 사진, 뭔가 다르네요. 내가 사용하는 것은 좀 더 부드러운 느낌이에요"

그 사진은 상온에서 보관한 크림을 촬영한 것이었다. 하지만 욕실에 두고 온도가 높아지면 질감이 달라진다. 그래서 사진과 함께 품질에 대한 자세한 설명으로 바꿨다.

철저한 낙하 테스트로
원인 규명

'아이카라라'라는 '눈 밑 고민'을 위한 크림은 주사기 모양의 용기에 담겨

있어, 뒷부분을 누르면 크림이 나오는 구조로 되어 있다. 그런데 몇몇

고객으로부터

"갑자기 크림이 나오지 않는다"

라는 클레임이 들어왔다. 들어보니 "사용하다가 어느 순간부터 나오지

않게 되었어요", "한번 떨어뜨리고 나서는 안 나왔어요"라는 식으로

'처음부터 안 나온 것은 아니다'라는 공통점이 있었다.

'떨어졌을 때, 어딘가 부품이 빠지거나 부서졌을지도 모른다'

고객으로부터 고장이 난 상품을 회수해 살펴봤다. 용기를 분해해

보니 안쪽 나사가 풀려서 크림을 밀어낼 수 없는 상태였다. OEM 용기

제조업체에 문의했지만 "그런 이야기는 들어본 적이 없다"고 했다.

직접 알아볼 수밖에 없었다.

나사가 풀린 원인을 찾기 위해 직원들이 회의실에 모여 테스트를 했다.

처음에는 빈 용기를 여러 가지 방법으로 떨어뜨렸다. 용기를 분해하여 어떤 부품이 어떻게 움직이는지 확인하면서 높이를 달리하여 떨어뜨렸다. 고객의 사용 환경을 상상하면서 매트, 타일, 콘크리트 등 바닥의 종류를 바꿔가며 떨어뜨려 보았다.

하지만 어떤 상황에서도 나사는 빠지지 않았다.

"용기가 비어서 그런 것 아닐까요?"

그래서 물을 넣고 떨어뜨렸다. 그래도 나사는 빠지지 않았다.

"크림이 담긴 실물을 떨어뜨려 보자"

그래도 나사는 빠지지 않았다. 각도를 바꿔서 떨어뜨렸다.

"앗!"

나사가 풀렸다. 크림이 담긴 상태에서 바닥에 수직으로 떨어졌을 때, 충격이 용기 전체에 전달되어 크림의 기름기 때문에 나사가 회전하여 빠진 것이었다.

회의실에서 함성이 터져 나왔다.

용기 제조업체는 빈 상태로 테스트를 한다.

하지만 제품에는 액체, 크림, 젤 등이 담기며, 각각의 성분은 다르다.

나는 **상품은 완성된 형태로 테스트해야 의미가 있다**는 것을 깨달았다.

용기 제조업체에서는 "당신네 회사 말고는 그런 이야기를 듣지 못했다"라고 했지만, 나중에 알고 보니 OEM 업계의 현실을 반영한 말이라는 것을 알게 되었다.

OEM 제조업체의 고객사 중에는 우리 회사와 같이 스테디셀러 상품을 파는 회사가 드물다. 많은 회사들이 유행을 감지하고 상품을 만들어서 팔아치우면 끝인 경우가 많다. 유행을 타고 많이 판매하는 경우도 있지만, 어떤 경우에는 전혀 팔리지 않고 재고를 쌓아두는 경우도 있다. 기본적으로 한 번 만들면 끝이다. 재생산을 하지 않기로 결정하면, 설령 클레임이 몇 건 들어와도 OEM 업체에 말하지 않을 것이다.

하지만 우리 회사는 같은 상품을 오래 팔기 때문에 문제가 있으면 개선해 나간다.

우리 제품을 위탁생산하던 OEM 업체에서 우리 회사로 이직한 몇 사람이 이런 이야기를 했다.

"OEM 현장에서는 '만들어서 납품하면 끝'이 일반적이었어요. 이 회사는 같은 제품을 몇 번이나 재생산해서 의아하게 생각했어요. 내가 만든 상품이 전국적으로 사랑받고 있다는 것을 알고 이직을 결심하게 되었습니다"

당사 기준 NG라면
출시 중단

이런 경험을 반복하면서 '소비자 관점'의 테스트 항목들은 점점 늘어났다.

예를 들어, 용기 튜브의 뚜껑을 조일 때 어느 정도까지 조이면 고객이 열기 어려운지, 어느 정도면 쉽게 풀리는지, 토크미터로 측정하며 확인을 한다.

1차 납품과 2차 이후 납품에서 품질이 변하지 않았는지 확인한다. 크림 같은 제품은 점도나 경도를 측정하는 계측기를 사서 조사한다.

왜 그렇게까지 철저하게 하는가? 그것은 제조 공정과 관련이 있다.

화장품이나 크림은 큰 탱크에 열을 가해 가공한다.

같은 성분을 10리터 탱크로 가공하여 상품이 만들어졌다. 이후 주문량이 늘어나면서 40리터 탱크로 바꿨다. 이론상으로는 똑같은 제품을 만들 수 있지만, 탱크의 중심부에는 열이 잘 전달되지 않아 탱크 중심부에서 만들어진 것은 질감(특히 점도 등)이 달라질 수 있기 때문이다.

먼저 점성을 점도계로 확인한다. 또한, 점도가 같아도 피부에 닿았을 때의 촉감, 느낌이 다를 수 있다.

화장품 제조 기준으로는 점도만 체크하지만, 화장품을 사용하는 고객의 입장에서 생각해 보면 어떨까? 마음에 들어서 재주문을 했는데, 크림의 질감이 다르다면 불만이 생길 것이다. 그래서 우리 회사는 경도도 체크한다.

OEM 제조업체, 외부 검사기관에서 '문제 없음'이라고 판단해도, **우리 회사의 기준으로 NG일 경우 출시를 중단한다.**

처음에는 OEM 제조업체들이 우리의 까다로운 요구사항에 거부반응을 보이는 경우가 많았다. 하지만 우리의 고집스러움을 이해하면서 중간부터는 "우리도 사실 이렇게 고집스러운 상품을 만들고 싶었다"며 협력 체계로 변해갔다.

전 임직원이 한 달 동안 사용하며 최종 점검

시제품이 만들어지면, 우선 전국의 모니터 요원들에게 회사명, 상품명 등을 숨긴 상태에서 테스트를 받는다. 2~3개월 동안 사용하게 하고, 효과를 실감했는지를 조사한다. 이때 **70퍼센트 이상의 사람들이 효과를 체험했을 때 상품화**를 검토한다.

모니터 테스트를 통과하면 상품화를 진행하고, 최종적으로 모든 임직원들이 실제로 1개월 동안 사용하고 놓친 부분이 없는지를 최종 점검한다.

상품에 동봉하는 설명서를 보면서 처음 보는 사람이 그것을 읽어보고 그대로 사용할 수 있는지를 확인한다. 욕실에 방치해도 품질이 안정적인지, 피부 트러블이나 컨디션 불량은 없는지, 사용할 때 불편한 점은 없는지, 설명서는 이해하기 쉬운지 등을 체크한다.

기본은 '깜짝 놀랄 정도로 좋은 제품이 나왔을 때'만 출시한다. 애매하면 전부 다시 만든다. 실제로 출시되는 상품은 개발 안건의 2퍼센트에 불과하다. 몇몇 상품들은 3년 동안 시제품만 만들다가 결국 포기한 상품들도 꽤 있었다.

본업으로 홋카이도 특산품을 취급하던 회사가 **부업으로 시작했기 때문에 품질에 집중할 수 있었다. 좋은 상품이 나오면 팔고, 안 나오면 팔지 않는다. 이것은 절대적인 룰이다.**

그래서 상품 개발에는 시간이 걸린다. 2~3년씩 걸리는 것도 있다. 유행은 좇지 않는다. 회사의 방침으로 몇 달만에 상품을 개발해서 판매하지 않는다.

그로 인해 많은 기회를 잃는다는 것을 알고 있지만, 상품의 품질과

타협할 바에야 차라리 사업을 그만두는 것이 낫다고 생각한다.

2

서브스크립션을 유도하는 비법

효과를 느끼지 못하는 맹점은 사용법에 있다

서브스크립션(정기 구매)이 이익의 원천이라는 사실은 사업을 하는 사람이라면 누구나 알고 있다. 그러나 정기적인 구매를 하는 고객을 확보하는 것은 매우 어려운 일이다. 영업활동, 광고 등의 노력과 비용도 많이 든다. 5단계 이익관리의 비용 항목에서 주로 '판촉비'가 여기에 해당한다.

일반적으로 신규 고객을 유치하는 데 드는 비용은 기존 고객의 5배라고 한다.

신규 고객은 획득 비용이 높음에도 불구하고 이익률은 낮다. 따라서 신규 고객의 획득보다 기존 고객을 유지하는 것이 더 중요한 것이다.

기존 고객들은 중장기적으로 상품을 계속 구매하는 평생 고객이 될 가능성이 높다. 기업에 대한 로열티가 높은 고객일수록 시간이 지남에 따라 큰 이익을 가져다 준다.

재구매 여부는 고객만족도에 달려있다.

고객만족도는 상품의 품질에 비례하지만, **한 가지 맹점**이 있다.

바로 고객이 '사용법을 몰라 잘못 사용하는 경우'이다.

좋은 상품을 만들어서 팔면 끝나는 것이 아니다. 아무리 좋은 상품이라도 제대로 사용하지 않으면 효과를 얻을 수 없고 고객은 만족할 수 없다. 그래서 우리는 상품에 동봉하는 '사용설명서'를 만드는 데 주력하고 있다.

특히, 남성은 여성과 달리 화장품을 사용한 경험이 적다. 어떤 사람들은 주름 문제를 해결하는 화장품을 약으로 착각하기도 한다.

주름은 상처가 아니라 노화다. 상처나 찰과상은 기본적으로 원래대로 돌아가려는(상처를 치료하려는) 자가회복 능력이 작용하여 약을 바르면 회복이 촉진되지만, 주름은 상처가 아니기 때문에 자가회복 기능이 없다. 따라서 화장품 크림을 발라도 빠르게 원래대로 돌아가지 않는다.

사람의 피부는 신진대사로 28~50일 정도에 걸쳐 다시 태어나기 때문에 기본적으로 새로운 피부가 태어날 때 효과를 발휘한다. 따라서 상처는 약을 바르면 며칠 만에 낫지만, 화장품 크림의 효과를 느끼기 위해서는 적어도 1~3개월이 걸린다.

많은 남성들이 이런 사실을 모른다. 그래서 남성용 제품에는 기초적인 것을 더 자세하게 설명한다.

'사용설명서'는 모든 임직원의 엄격한 시선으로 확인된다. 머리를 비우고 설명대로 상품을 써보고, 문제가 없는지 다 같이 확인한다.

이렇게 해서 상품이 완성되지만, 고객으로부터 문의를 받고 충분히 전달되지 않았다는 것을 알게 되는 경우도 있다. 예를 들어 '얼굴의 이 부분에 붙여주세요'라고 사진을 보여주며 설명하는데, 사진이 너무 확대되어 붙여야 할 위치를 파악하기 어려운 경우도 있었다.

고객의 목소리를 소중히 여기면서 '사용설명서'는 매일매일 다듬어가고 있다.

지식 제로의 역발상으로 만든
사용설명서

설명서의 중요성을 깨달은 것은 특산품 인터넷 쇼핑몰을 운영할 때였다.

어느 날, 킹크랩을 구매한 고객으로부터

"게장이 들어있지 않아요"

"다리가 8개밖에 없어요, 다리 없는 게를 팔면 안 돼요"

라는 클레임이 들어왔다. 홋카이도 사람이라면

"무슨 소리예요. 킹크랩이잖아요"

라고 말해버리고 끝낸다.

그렇게 말해도 고객은 무슨 뜻인지 모른다.

사실 게는 '게'와 '소라게'로 분류되는데, 둘은 사실 전혀 다른 종류의

생물이다.

대게와 털게는 '게'의 종류로 게장이 들어간 상태로 판매된다.

한편, 킹크랩과 하나사키는 '소라게'의 종류로 게장이 없는 상태로

판매된다.

게는 삶아서 출하되는데 '게' 종류의 게장은 삶으면 굳어지는 성질이다.

그래서 게장이 들어간 상태로 판매되는 것이다.

반면, '소라게' 종류의 게장은 지방이 많아 삶으면 녹아내린다.

게다가 녹은 게장은 다리로 흘러들어 살이 빨리 상하기 때문에 삶기

전에 게장을 제거한다.

또한, '게' 종류는 집게 2개를 포함하여 10개의 다리로 구성되어 있다.

그러나 '소라게' 종류는 집게 2개를 포함하여 8개의 다리로, 다리 2개가

떨어진 것이 아니다.

이것은 홋카이도 현지인들에게는 당연한 것이기 때문에 이런 설명을 잘

하지 않는다.

하지만 나는 다른 지역에 사는 고객의 입장이 되어 자세하게 설명하는

설명서를 만들어 동봉했다. 결과적으로 내가 '홋카이도 출신이

아니다'라는 강점을 살릴 수 있었던 것이다.

아무리 맛있는 음식도
먹는 방법을 모르면 맛이 없다

미식 특산품 쇼핑몰에서 취급하던 게는 앞서 말했듯이 삶아서 냉동시킨

것이다.

그러자 고객으로부터 "맛있었다"와 "맛없었다"라는 상반된 목소리가 메일로 도착했다.

물론 개인의 입맛에 따라 차이는 있겠지만 "맛없었다"가 일정 수 있다는 것은 이상했다. 그래서 고객에게 먹는 방법을 물어보았다.

그러자 냉동된 게를 냄비에 삶아 먹는 사람이 많았다. 이것은 게를 두 번 삶는 것으로 살이 푸석푸석해지고 감칠맛을 떨어뜨린다. 냉동된 게를 삶거나 쪄서 먹으면 급격한 해동으로 게 세포가 파괴된다. 전자레인지에 해동하는 사람도 많았는데 그러면 게살 안에 있는 감칠맛과 진액이 흘러나온다.

맛있는 음식을 판매하면 끝이 아니다. **아무리 맛있는 음식이라도 먹는 방법이 잘못되면 맛이 없다.** 고객이 만족하지 못하는 것이다.

고객이 잘못 먹지 않도록 하나하나의 제품에 〈게살 샤브샤브 조리법〉과 같은 설명서를 동봉했다. 고객들은 의외로 상품에 동봉된 깔끔한 인쇄물에 눈을 돌리지 않는다. 그래서 손글씨 느낌의 폰트와 말풍선 등으로 위화감을 조성하여 주의를 환기시켰다.

그 이후로는 "맛없었다"는 메일이 오는 일은 거의 사라지게 되었다.

이것이 현재 건강식품 및 화장품 '사용설명서'로 이어지고 있다.

특산품 쇼핑몰을 운영할 때, 우리의 캐치프레이즈는 **"맛있었다고 말할**

때까지가 우리의 일"이었다. 좋은 상품을 만들었다고 끝이 아니고, 판매를 했다고 끝이 아닌 것이다.

최종적으로 직원들이
그 상품에 빠져들 수 있는가

앞서 언급했듯이 고객만족도는 상품의 품질에 비례한다. 덧붙이자면, 좋은 상품이기 때문에 직원들이 고객에게 자신 있게 추천할 수 있다. 그것이 첫 구매 그리고 정기 구매로 이어진다.

영업사원이 자신이 취급하는 상품이 팔리지 않을 때 어떤 생각을 할까? '이렇게 좋은 상품인데'라고 생각한다면, 어떻게든 팔려고 애를 쓸 것이다.

'별 볼일 없는 상품'이라고 생각한다면 금방 포기할 것이다. **직원들이 '좋은 제품이니까 많은 사람들이 사용했으면 좋겠다'라고 생각하느냐가 중요하다.**

우리 회사의 어떤 제품은 시제품을 만들고 외부 모니터 테스트를 했는데, 상당히 효과가 있었다는 결과가 나왔다.

그런데 다시 시장조사를 해보니 '시장이 너무 작다'는 것을 알게 되었다.

애초에 우리 회사는 작은 시장을 목표로 하고 있었지만, 이때는 너무

작았다. 그래서 그 상품을 출시하지 않기로 결정했다. 그런데 모니터

테스트에 참여했던 사람으로부터

"빨리 출시해주세요. 출시되면 꼭 사겠습니다"

라는 목소리가 들려오고 있었다. 그리고 일부 직원들도

"어떻게든 출시합시다! 적은 숫자일지 모르지만, 반드시 기뻐할 고객이

있습니다"

라는 직언을 하기도 했다. 직원들의 열정에 굴복하여 이번에는 숫자를

무시하고 출시를 결심하였다.

오랫동안 사업을 하다 보면 반드시 부침이 있다. 대박이 날 때도 있고, 안

팔릴 때도 있다. 이럴 때 중요한 것은 팬이 있느냐 없느냐다.

그 상품은 직원들의 열정적인 판촉활동으로 조금씩 팬을 확보해 나갔다.

팬의 수는 결코 많다고 할 수 없지만, 지속적인 재구매가 이루어져서

흑자 상품이 되고 있다.

결국 판매하는 것은 사람이기 때문에 자신감을 갖고 있느냐 없느냐가

중요하다.

100억 원짜리 상품을 10개 만들어
매출 1,000억 원을 달성하는 아이디어

앞서 언급했듯이, 우리의 상품 개발은 '고객의 고민'에서 시작되었다.

여기에는 작은 시장을 100퍼센트 장악하겠다는 목표가 있었다. 작은

시장을 공략하는 것의 장점은 경쟁자가 적다는 것이다.

경쟁자가 없기 때문에 경쟁 비용이 들지 않아 이익률이 높아진다.

상품 비교가 없어지면 광고비도 들지 않는다.

하지만 작은 시장에서 압승해도 매출은 100~200억 원 정도밖에 오르지

않는다.

그래서 **나는 100억 원짜리 상품을 10개 만들어서 매출 1,000억 원을**

목표로 생각했다.

실제로 매출이 1,000억 원을 달성했을 때의 이익은 290억 원이었다.

제5장

이익률 29%를
실현하는
판매 전략

1

상한 CPO와 시계열 LTV를
관리하는 발상법

**상한 CPO는
이 정도까지만 써도 되는 판촉비**

판촉비 관리는 이익을 창출하는 데 있어 중요하다.

5단계 이익관리에서는 이익 ② '순매출이익'에서 이익 ③ '판매이익'을

도출하는 과정에서 판촉비를 관리하고 있다.

'판매이익'이 전월이나 다른 상품에 비해 악화되는 경우, **'판촉비의 투자**

효율이 나빠진 경우' 혹은 **'판촉비의 선행 투자를 강화한 경우'**의 두 가지

요인이 존재한다.

그러나 후자의 요인이라면 "선행 투자를 했으니 일시적으로

판매이익률이 악화되는 것은 어쩔 수 없다"로 끝낼 수 없다. 선행 투자를

했다면, 그 투자가 언제까지 얼마가 되어 회수할 수 있는지를 명확하게

파악할 필요가 있다.

이를 위한 관리 지표가 **'상한 CPO'**와 **'시계열 LTV'**이다.

여기서는 매출 최소화, 이익 최대화의 법칙을 실천할 수 있도록

전문적으로 설명하겠다.

마케팅이나 광고 관리에 익숙하지 않은 사람은 다소 어렵게 느껴질 수도

있지만, 우선은 대략적인 개념을 이해해주길 바란다. 또한, 경영자와

마케팅 담당자가 함께 읽어도 좋을 것이다.

실무에서는 '순매출이익'에서 판촉비를 빼서 '판매이익'을 구하지만,

여기서는 계산을 단순화하기 위하여 '순매출이익률'이 100퍼센트라고

가정하고 이야기를 진행하겠다.

먼저 **상한 CPO 관리**부터 이야기해 보자.

CPO란 'Cost Per Order'의 약자로, **한 명의 고객을 획득(수주)하는 데**

드는 비용을 말한다. 어떤 업종이든 주문을 받으려면 광고를 집행하거나, 영업을 하거나, 어떤 종류의 판매활동이 필요하다.

CPO를 쓰면 매출은 올라가지만, 5단계 이익관리의 비용 항목에 있는 판촉비 등의 비용이 들어가고 이익은 줄어든다. 매출은 크지만 이익이 적은 회사는 대부분 CPO를 과다하게 집행하고 있다. 그렇기 때문에 CPO의 관리가 필요한 것이다.

우리 회사와 같은 인터넷 쇼핑몰에서는 CPO의 대부분을 광고비가 차지하고 있다. 하지만 CPO를 관리할 수 있는 시스템을 갖추고 있어 **입사 6개월차 신입사원도 운용할 수 있다.**

일반적으로 CPO를 '한 건의 주문을 위해 드는 비용'이라고 생각하지만, 나는 **'한 명의 고객을 만나는 데 드는 비용'**이라고 정의한다.

한 명의 고객으로부터 반복적으로 주문을 받기 때문이다. 한 명의 고객과 오랫동안 관계를 맺고, 정기적인 구매를 하게 된다. 이는 판촉비를 줄이고 높은 이익률로 이어진다.

그럼, 구체적으로 CPO에 대해 생각해 보자.

앞서 언급했듯이, 우리 회사와 같은 전자상거래 사업의 경우 주요 판매활동은 광고이다.

예를 들어, 1,000만 원의 광고비를 집행한 결과, 100명의 고객을 확보할

수 있었다면

광고비 1,000만 원 ÷ 획득 고객 100명 = CPO 10만 원

이 된다.

한 명의 고객이 정기 구매를 해주는 경우, CPO를 몇 개월 안에 회수할 수

있을지 생각해 보자. 예를 들어, 순매출이익이 3만 원인 상품의 CPO가

10만 원이라면 7만 원 적자이다(그림 26).

하지만 그 상품을 고객이 정기 구매할 경우 4번째 구매에서 12만 원의

순매출이익이 발생하여 흑자가 된다. 이렇기 때문에 한 번의 주문에

대한 비용이라기보다는 한 명의 고객을 얻는 비용이라고 생각하는

것이다.

시계열 LTV란
고객이 평생 기업에 가져다주는 이익

그러나 모든 고객이 반드시 4회 구매를 해주는 것도 아니고, 4회 구매를

하더라도 언제 4번째 구매를 하는지는 사람마다 다르다.

따라서 수익을 계산할 때 필요한 지표가 **'시계열 LTV'**이다.

그림 26 5단계 이익관리표의 '판매이익'은 몇 개월 만에 흑자로 전환될까?

5단계 이익관리표의 '판매이익'까지

상품 A	
매출	30,000원
원가	-
이익 ① 매출총이익	-
매출총이익률	-
주문연동비	-
이익 ② 순매출이익	30,000원
순매출이익률	100%
판촉비	100,000원
이익 ③ 판매이익	-70,000원

상품 A를 판매하기 위해 100,000원의 판촉비를 지출했다.
상품 A를 정기 구매했을 경우, 이 판촉비는 몇 개월 만에 회수할 수 있을까?

※ 매출과 '판매이익'의 관계를 살펴보기 위해, 여기서는 순매출이익률을 100%로 한다. 실무에서는 원가와 주문연동비를 넣어 계산한다.

첫 구매 시 70,000원 적자

	첫 구매	2차 구매	3차 구매	4차 구매
누계 순매출이익	30,000원	60,000원	90,000원	120,000원

CPO 100,000원은 4번째 구매를 해야만 흑자가 된다. 하지만 모든 사람이 반드시 4번 구매하는 것은 아니고, 구매를 한다고 해도 언제 4번째 구매를 할지 모르기 때문에 정확히 언제 흑자가 될지는 알 수 없다.

LTV는 'Life Time Value(고객 생애 가치)'의 약자로, **고객이 평생 동안 기업에 가져다주는 이익**을 뜻한다.

일반적으로 고객의 상품·서비스에 대한 애착(고객 충성도)이 높을수록 LTV는 높아진다. 평생이라고 하더라도 보통 **수개월에서 1년 단위**로 구분하여 계산한다.

우리 회사에서는 LTV를 **월별로 시계열 관리**하고 있다. 따라서 **'시계열 LTV'**라고 부르고 있는 것이다(그림 27/ 단, 그림 27에서는 3~6개월, 6~11개월, 11~24개월, 12~24개월을 정리했다).

따라서 월별 매출, 비용, 이익과 LTV를 비교할 수 있다.

많은 D2C 기업들이 1회, 2회, 3회 구독 지속율만 보고 있지만, 이 경우 월별 매출, 비용, 이익과 LTV를 연동하여 볼 수 없다.

예를 들어, 몇 달 동안 지속하던 고객이 한 달을 쉬었다거나, 처음에 3개월분을 한꺼번에 구매했던 고객이 3개월 후에 두 번째 구매를 한 경우, 단일 계산식으로는 정확한 데이터를 산출할 수 없다. 그래서, LTV를 월별로 시계열적으로 관리한다.

그림 27에서 시계열 LTV를 살펴보자. 상품 A와 상품 B가 있다. 가격은 둘 다 30,000원이다.

앞서 예시한 것처럼 1,000만 원의 광고로 100명의 고객을 확보했다(CPO는 10만 원). 이 100명 고객의 첫 주문에서 상품 A, 상품 B 모두 고객 1인당 평균 구매금액은 30,000원이다.

한 달 후 어떤 고객은 1개, 어떤 고객은 2개 구매하고, 어떤 고객은 구매하지 않았다.

이렇게 100명의 고객들의 1개월 후 구매금액을 평균적으로 보면, 상품 A의 고객 1인당 평균 추가 구매금액은 19,000원이 된다. 최초 30,000원과 1개월 후의 19,000원을 합하면, 시계열 LTV(평균 누계 구매금액)는 49,000원이 된다.

이것이 1개월 후의 시계열 LTV이다.

상품 A의 2개월 후를 보면 시계열 LTV는 63,000원, 3개월 후에는 75,000원이 되었다. 정기 구매를 중단하는 사람도 있기 때문에 조금씩 성장률이 감소하고 있다.

상품 A의 경우, 한 사람의 고객을 얻기 위해 10만 원이 들었기 때문에(CPO는 10만 원), 첫 달부터 11개월까지는 적자지만 **12개월 후에는 CPO를 회수**할 수 있으며 이후로는 완전한 이익이 된다.

이것이 CPO와 시계열 LTV의 관계다.

시계열 LTV는 상품에 따라 달라진다. 다시 한번, 그림 27을 보자

그림 27 '상한 CPO'와 '시계열 LTV'의 구조

상품 A

【해당 기간】	첫 구매	첫 구매 ~1개월	1~2개월	2~3개월	3~6개월	6~11개월	11~12개월	12~24개월
해당 기간의 고객 1인당 평균 추가 구매금액	30,000원	19,000원	14,000원	12,000원	13,000원	10,000원	12,000원	40,000원
【누적 기간】	첫 구매	첫 구매 ~1개월	첫 구매 ~2개월	첫 구매 ~3개월	첫 구매 ~6개월	첫 구매 ~11개월	첫 구매 ~12개월	첫 구매 ~24개월
누적 기간의 고객 1인당 평균 누적 구매금액(시계열 LTV)	30,000원	49,000원	63,000원	75,000원	88,000원	98,000원	110,000원	150,000원
일정 기간의 판매이익	-70,000원	-51,000원	-37,000원	-25,000원	-12,000원	-2,000원	10,000원	50,000원

시계열 LTV(×순매출이익율) - CPO

상품 A는 12개월 후 흑자 전환

※ 여기서 순매출이익율은 편의상 100%로 가정함
※ 여기서 CPO(한 명의 고객을 획득하는데 드는 판촉비)는 100,000원
※ 예를 들어 첫 구매는 '30,000원×100%-100,000원=-70,000원'

상품 B

【해당 기간】	첫 구매	첫 구매 ~1개월	1~2개월	2~3개월	3~6개월	6~11개월	11~12개월	12~24개월
해당 기간의 고객 1인당 평균 추가 구매금액	30,000원	14,000원	11,000원	11,000원	18,000원	36,000원	20,000원	50,000원
【누적 기간】	첫 구매	첫 구매 ~1개월	첫 구매 ~2개월	첫 구매 ~3개월	첫 구매 ~6개월	첫 구매 ~11개월	첫 구매 ~12개월	첫 구매 ~24개월
누적 기간의 고객 1인당 평균 누적 구매금액(시계열 LTV)	30,000원	44,000원	55,000원	66,000원	84,000원	120,000원	140,000원	190,000원
일정 기간의 판매이익	-70,000원	-56,000원	-45,000원	-34,000원	-16,000원	20,000원	40,000원	90,000원

시계열 LTV(×순매출이익율) - CPO

상품 B는 11개월 후 흑자 전환

※ 여기서 순매출이익율은 편의상 100%로 가정함
※ 여기서 CPO(한 명의 고객을 획득하는데 드는 판촉비)는 100,000원
※ 예를 들어 11개월 후에는 '120,000원×100%-100,000원=20,000원'

CPO를 시계열 LTV(×순매출이익률)가 초과하는 시점을 파악하는 것이 중요하다

1개월 후 상품 A의 시계열 LTV는 49,000원, 상품 B는 44,000원.

2개월 후 상품 A는 63,000원, 상품 B는 55,000원.

3개월 후 상품 A는 75,000원, 상품 B는 66,000원.

하지만 11개월 후를 보면, 상품 A는 98,000원, 상품 B는 120,000원으로 역전되어 있다. 상품 B는 재구매 고객의 수는 적지만, 그럼에도 불구하고 열성팬을 확보하고 있어 한 번 구매한 고객이 지속적으로 재구매하고 있기 때문이다.

그림 27에 있는 일정 기간의 판매이익은 시계열 LTV에서 CPO를 빼면 나온다.

> 일정 기간의 판매이익 = 시계열 LTV(× 순매출이익률) - CPO

※ 여기서는 LTV를 매출액(구매금액)으로 계산한다. 실제 일정 기간의 판매이익을 낼 때는 LTV에 순매출이익률을 곱하여 산출하지만, 계산식이 복잡해지기 때문에 여기서는 순매출이익율이 100퍼센트라는 가정 하에 설명한다.

예를 들어, 상품 A의 12개월 후 일정 기간의 판매이익은

시계열 LTV 11만 원 - CPO 10만 원 = 일정 기간의 판매이익 1만 원

이 된다.

우리 회사에서는 미리 얻어야 할 일정 기간의 판매이익을 정하고 있다. 1년 동안 얼마만큼의 판매이익을 내고 싶은지를 먼저 결정하면, 자연스럽게 **CPO의 상한선**이 결정된다. 이 부분을 제대로 관리하는 것이 중요하다.

예를 들어, 먼저 상품 A로 1년간 고객 1인당 1만 원의 판매이익을 내겠다고 결정하면, CPO의 상한선은 10만 원으로 정해진다. 만약 1,000만 원의 광고비로 고객을 80명밖에 얻지 못했다면 CPO는 12만 5,000원이 되어, 일정 기간의 판매이익 1만 원을 달성할 수 없게 된다. 이 경우, 그 광고는 중단한다. 이것이 기본적인 사고방식이다.

한 명의 고객을 확보하기 위한 비용은 회사마다 다르다. 광고 외에도 영업 등 다양한 판매활동이 있다. 판촉비를 많이 지출할수록 매출은 증가하지만, 비효율적인 광고나 영업활동은 일정 기간의 판매이익을 압박한다. 간혹 "구글 검색을 했을 때, 우리 광고가 첫 번째로 노출되면 좋겠다"라는 소리를 듣게 되는데, 여기에는 엄청난 광고비가 들어간다. 만약 일정 기간의 판매이익과 연결되지 않는다면, 이런 것은 전혀 의미가 없다. **실행하는 판매활동의 효과를 숫자로 살펴보는 것이 중요하다.**

왜 상품 × 광고매체별 시계열 LTV를 산출하는가?

우리 회사는 상품과 광고매체별로 시계열 LTV를 산출하고 있다.

우리 회사의 경우 다양한 광고매체를 사용한다. 같은 상품이라도

광고매체에 따라 CPO, 시계열 LTV는 달라진다.

예를 들어, 상품 A를 구글 광고로 홍보했다고 가정하자. 이때의 CPO는

3만 원이다. 한편, 다른 제휴 사이트(여기서 상품 A를 구매하면 포인트가

쌓인다)에서는 CPO가 1만 원이었다.

이렇게 보면 제휴 사이트의 CPO가 낮기 때문에 일정 기간의 판매이익을

내기 쉬워 보인다.

하지만 1년 후의 시계열 LTV를 보면 구글 광고는 7만 5,000원, 제휴

사이트는 3만 원이었다. 적립하는 포인트를 목적으로 구매한 고객들은

재구매율이 적기 때문에 시계열 LTV가 낮았다고 볼 수 있다.

1년간의 판매이익은

구글 광고 : 시계열 LTV 75,000원 - CPO 30,000원 = 일정 기간의

판매이익 45,000원

제휴 사이트 : 시계열 LTV 30,000원 - CPO 10,000원 = 일정 기간의

판매이익 20,000원

구글 광고를 살펴보면 CPO가 제휴 사이트보다 더 높지만, 일정 기간의 판매이익은 더 많다는 것을 알 수 있다.

만약 이 상품의 상한 CPO를 3만 원으로 설정하고, 제휴 사이트에서만 판매를 했다면 CPO보다 일정 기간의 판매이익이 낮아 결국 적자를 보게 된다. 이 때문에 상품과 광고매체의 조합별로 시계열 LTV를 산출하여 상한 CPO를 결정하는 것이다.

여기에 '고객 획득 인원'을 곱하면 더욱 정확한 이익 수치를 계산할 수 있다.

예를 들어, 구글 광고와 야후 광고에 각각 1,000만 원씩 광고를 집행했다고 하자. 야후에서는 100명의 고객을 획득했고, 구글에서는 80명의 고객을 획득했다.

야후의 CPO는 10만 원이지만 구글의 CPO는 12만 5,000원으로, 이 시점에서는 야후가 더 효율적이다.

하지만 이 또한 지속적으로 살펴볼 필요가 있다. 이후 1년간의 시계열 LTV를 보면 야후에서 획득한 고객들은 1인당 평균 20만 원을 구매했다. 반면, 구글에서 획득한 고객들은 1인당 평균 30만 원을 구매했다.

정리하면 다음과 같다.

야후 광고에 1,000만 원을 집행하고 100명의 고객을 획득했기 때문에 CPO는 10만 원이 된다.

야후 광고 : 광고비 1,000만 원 ÷ 획득 고객 100명 = CPO 10만 원

이후 1년 동안 1인당 20만 원의 매출이 발생했으므로 일정 기간의 판매이익은 10만 원이다.

야후 광고 : 시계열 LTV 20만 원 - CPO 10만 원 = 일정 기간의 판매이익 10만 원

그리고 이 광고는 100명의 고객을 확보했기 때문에 전체적으로 1,000만 원의 이익을 발생시켰다는 것을 알 수 있다.

야후 광고 : 일정 기간의 판매이익 10만 원 × 100명 = 전체 이익 1,000만 원

한편, 구글 광고에 1,000만 원을 집행하고 80명의 고객을 획득했기 때문에 CPO는 12만 5,000이 된다.

구글 광고 : 광고비 1,000만 원 ÷ 획득 고객 80명 = CPO 12만 5,000원

이후 1년 동안 1인당 30만 원의 매출이 발생했으므로 일정 기간의 판매이익은 17만 5,000원이다.

구글 광고 : 시계열 LTV 30만 원 - CPO 12만 5,000원 = 일정 기간의 판매이익 17만 5,000원

그리고 이 광고는 80명의 고객을 확보했기 때문에 전체적으로 1,400만 원의 이익을 발생시켰다는 것을 알 수 있다.

구글 광고 : 일정 기간의 판매이익 17만 5,000원 × 80명 = 전체 이익 1,400만 원

이 경우, 구글 광고가 야후 광고보다 더 효율적이라는 것을 알 수 있다. 광고매체별로 이러한 데이터를 산출하고 광고매체별로 상한 CPO를 설정한다. 우선, 1년 동안 한 명의 고객으로부터 얼마나 많은 판매이익을 낼 것인지 목표를 정하고, 역산하여 광고매체별 상한 CPO를 결정하는 것이다.

상한 CPO를
엄격하게 준수한다

많은 회사들이 CPO 목표를 설정하고 있다. 그러나 그 목표는 흔들리기 쉽다.

LTV가 증가하지 않아도 '계속하면 성과가 나올 것이다', '지금은 적자라도 나중에 이익이 날 것이다'라고 낙관적으로 생각하면서

판촉비를 아낌없이 쏟아붓는다.

하지만 언제, 얼마가 되어 돌아올까?

CPO를 계속 높이면 매출은 올라간다. 그러나 판촉비도 계속 늘어난다.

그러면 판매이익이 나오지 않는다. 결국 적자가 된다.

만약 1년의 판매이익 목표를 3만 5,000원으로 정했다면, 그림 27

(177페이지)의 상품 A의 경우 12개월 후의 시계열 LTV가 11만 원이므로

상한 CPO는 7만 5,000원이 된다.

이는 시계열 LTV의 3개월 후의 수치와 동일하며, 3개월 만에 CPO를

회수할 수 있을 것임을 보여준다. **CPO는 엄격하게 준수하는 것이**

중요하다.

서두에서 우리 회사는 신입사원도 광고를 운용할 수 있다고 말했지만,

이는 상한 CPO를 미리 확정해놓았기 때문이다. 이를 결정하면

비즈니스는 매우 단순해진다.

_2_

CPO와 신규 고객 획득 건수의 상관관계를 어떻게 파악할 것인가?

영업을 하면 할수록 고객은 늘어난다?

다음으로 CPO와 신규 고객 획득 건수의 상관관계에 대해 생각해 보자.

어떤 상품을 출시했을 때, 그 상품의 전체 이익은

> 신규 고객 획득 건수 × 고객 1인당 이익(LTV-CPO) = 전체 이익

으로 결정되기 때문에, 신규 고객을 어떻게 확보하느냐가 중요하다.

고객을 획득하는 비용이 지금까지 계속 거론되어 온 'CPO'이다.

하지만 CPO를 쓴다고 해서 신규 고객이 무한하게 늘어나는 것은

아니다.

광고비와 신규 고객의 획득 건수의 관계에는 '수확 체감의 법칙'이

존재한다.

수확 체감은 같은 투자를 하더라도 이익의 증가분이 점점 작아지는

상태를 말한다.

예를 들어, 척박한 땅에 비료를 주면 토양이 비옥해져 농작물의 수확량은

늘어난다. 하지만 일정 수준 이상의 비료를 계속 주면 비료를 구입하는

금액에 비해 늘어나는 수확량은 줄어들게 된다. 또한. 소유한 농지를

넓히면 경작지가 늘어나 수확량이 증가할 것이다. 그러나 농지를 계속

취득하다 보면 비옥한 농지뿐만 아니라 농업에 적합하지 않은 토지도

취득하게 되어 늘어나는 수확량은 떨어진다.

일정한 조건에서 어떤 생산요소를 증가시키면 전체적으로 생산량은

증가하지만, 그 증가분은 점차 작아진다. 즉, 영업활동을 하면 신규

고객을 획득할 수 있지만, 영업활동을 계속 늘린다고 할지라도 획득할

수 있는 신규 고객의 수는 점차 줄어드는 것이다. 적절한 영업활동은 이익을 극대화한다. 하지만 이를 넘어서면 이익을 압박하는 비용으로 작용할 수 있다.

이노베이터 이론으로 보는 고객 획득 전략

신규 고객 획득 건수가 증가함에 따라 CPO는 상승한다. 이는 '이노베이터 이론'으로 설명할 수 있다.

이노베이터 이론은 새로운 제품 및 서비스 시장에 대한 보급률을 보여주는 마케팅 이론이다. 1962년 스탠포드대학의 에버렛 로저스 교수가 그의 저서 《혁신의 확산Diffusion of Innovations》에서 주장한 이론이다. 이노베이터 이론에서는 새로운 제품 및 서비스의 보급 과정을 5가지 계층으로 분류하고 있다(그림 28).

이노베이터(혁신수용자) [시장 전체의 약 2.5%]

가장 초기에 제품 및 서비스를 수용하는 계층. 정보 민감도가 높고, 새로운 것을 적극적으로 도입하려는 호기심을 가진다. '새로운' 것에

그림 28 '이노베이터 이론'과 5가지 계층

전체 이익 = 신규 고객 획득 건수 × 고객 1인당 이익(LTV - CPO)

광고비와 신규 고객 획득 건수의 관계에는 '수확 체감의 법칙'에 존재하며
신규 고객 획득 건수가 증가함에 따라 CPO가 증가하는 경향이 있다

'이노베이터 이론'에 따른 소비자 분포

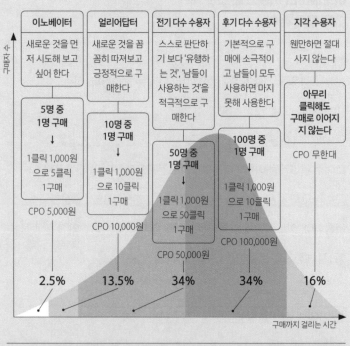

	이노베이터	얼리어답터	전기 다수 수용자	후기 다수 수용자	지각 수용자
CPO	5,000원	10,000원	50,000원	100,000원	무한대

가치를 느끼며, 아직 시장에 보급되지 않은 고가의 제품 및 서비스라도
가치관에 부합하면 바로 구매한다.

얼리어답터(초기수용자) [시장 전체의 약 13.5%]

이노베이터만큼 급진적이지는 않지만 앞으로 유행할 만한 제품
및 서비스를 재빨리 알아보고 구매하는 사용자층. 대중과 업계의
트렌드에 민감하고, 항상 안테나를 높게 세워 정보를 수집하고, 앞으로
유행할 만한 것을 수용하기 때문에 대중과 업계의 오피니언 리더나
인플루언서가 되기 쉽다.

전기 다수 수용자 [시장 전체의 약 34%]

정보 민감도는 비교적 높지만, 새로운 제품 및 서비스 도입에 신중한
계층. 얼리어답터의 의견에 크게 영향을 받는다.

후기 다수 수용자 [시장 전체의 약 34%]

새로운 제품 및 서비스에 대해 소극적이고 쉽게 도입하지 않는 계층.
많은 사용자들이 이 제품 및 서비스를 사용하고 있다는 확신을 얻고
나서야 수용한다.

시장에서 가장 보수적인 계층. 해당 제품 및 서비스가 단순히 대중화되는 것이 아니라, 전통적이고 문화적인 수준으로 보편화되어야만 수용한다.

새로운 것을 적극적으로 도입하는 호기심이 많은 이노베이터를 획득하기 위한 CPO는 낮다.

구입장벽도 낮아서 이노베이터 5명이 있으면 1명은 구매한다. 클릭 1회에 1,000원이라고 가정하면, 클릭 5회로 1회 구매가 발생함으로 CPO는 5,000원이다. 한 명의 고객을 획득하기 위해 5,000원을 투자할 수 있다. 단, 이노베이터는 전체 시장의 약 2.5퍼센트에 불과하다. 이노베이터를 획득했다면, 다음 단계는 얼리어답터가 된다.

얼리어답터는 앞으로 보급될 제품 및 서비스를 재빠르게 알아본다. 이들은 10명 중 1명이 구매를 한다. 클릭 1회에 1,000원이라면, 클릭 10회로 1회 구매하므로 CPO는 1만 원이다. 이노베이터에 비해 얼리어답터를 획득하기 위한 CPO가 많아지는 것이다.

이처럼 그림 28의 오른쪽으로 갈수록 신규 고객 획득이 어려워지고 CPO는 많아진다. 초기 다수 수용자의 CPO는 5만 원, 후기 다수 수용자의 CPO는 10만 원, 지각 수용자는 CPO를 아무리 많은 지출을 해도 얻기 어렵다.

구매의향이 높은 계층을 대상으로 하는 동안은 적은 CPO로 신규 고객을 획득할 수 있지만, 대상이 넓어질수록 CPO가 많이 필요한 것이다.

그림 29를 참고하기 바란다.

1,000명이 존재하는 시장에 이노베이터 이론의 5가지 계층을 적용해 보자. 이노베이터는 25명, 얼리어답터는 135명, 전기 다수 수용자와 후기 다수 수용자는 각 340명, 지각 수용자는 160명이다.

하루 25명의 신규 고객을 확보한다면 이노베이터들만 대상으로 하기 때문에 CPO는 5,000원으로 충분하다. 다만, 더 많은 신규 고객을 획득하기 위해서는 CPO가 증가한다.

이노베이터와 얼리어답터를 대상으로 할 경우 평균 CPO는 그림 29와 같이 9,220원, 전기 다수 수용자까지 포함하면 평균 CPO는 36,950원까지 증가한다. 신규 고객 획득 건수가 늘어날수록 평균 CPO는 많아지는 것이다. 즉, 얼마나 많은 신규 고객을 획득하려고 하느냐에 따라 CPO가 달라지는 것이다.

또한, 상품 출시 후 어느 정도 시간이 지나면 CPO는 증가한다. 출시 직후에는 구매의향이 높은 사람을 신규 고객으로 획득하고 시간이

그림 29 5가지 계층과 CPO의 관계

	이노베이터	얼리어답터	전기 다수 수용자	후기 다수 수용자	지각 수용자
대상인원	25명	135명	340명	340명	160명
CPO	5,000원	10,000원	50,000원	100,000원	무한대

신규 고객 획득 건수	이노베이터	얼리어답터	전기 다수 수용자	후기 다수 수용자	지각 수용자
평균 CPO	5,000원	9,220원	36,950원	62,470원	무한대

이노베이터 25명 × 5,000원
+
얼리어답터 135명 × 10,000원

25명 + 135명
=
1,475,000원

160명
=
9,220원

이노베이터 25명 × 5,000원
+
얼리어답터 135명 × 10,000원
+
초기 다수 수용자 340명 × 50,000원

25명 + 135명 + 340명
=
18,475,000원

500명
=
36,950원

신규 고객 획득 건수가 늘어날수록

평균 CPO는 많아진다

지날수록 구매의향이 낮은 사람을 신규 고객으로 획득해야 하기 때문에 출시 직후와 1년 후를 비교하면 CPO는 증가할 수밖에 없다.

최적의 상한 CPO 산출법과 90%의 사장이 빠지는 함정

CPO와 고객 1인당 이익, 신규 고객 획득 건수의 관계를 정리하면 다음과 같다.

> **CPO를 낮추면 → 신규 고객 감소, 고객 1인당 이익 증가**
> **CPO를 높이면 → 신규 고객 증가, 고객 1인당 이익 감소**

따라서 전체 이익을 가장 크게 하기 위해서는 **최적의 상한 CPO**를 찾는 것이 중요하다.

전체 이익은 **신규 고객 획득 건수 × 고객 1인당 이익(LTV-CPO)**으로 산출되기 때문이다.

그림 30을 참고하기 바란다.

여기서는 1년 LTV가 10만 원인 상품으로 CPO, 신규 고객 획득 건수, 1년

그림 30 최적의 '상한 CPO' 산출법

전체 이익 = 신규 고객 획득 건수 × 고객 1인당 이익(LTV-CPO)
- CPO를 줄이면 신규 고객은 감소하지만, 고객 1인당 이익은 늘어난다
- CPO를 늘리면 신규 고객은 증가하지만, 고객 1인당 이익은 감소한다

↓

전체 이익이 가장 많아지는 단계의 CPO를 찾는 것이 중요하다!

이것이 최적의 '상한 CPO'

여기서부터 전체 이익의 수확 체감이 시작된다 →

예) 1년 LTV가 10만 원인 경우

CPO	30,000원	40,000원	50,000원	60,000원	70,000원	80,000원	90,000원
신규 고객 획득 건수	100건	120건	150건	200건	250건	270건	300건
1년 매출	1,000만 원	1,200만 원	1,500만 원	2,000만 원	2,500만 원	2,700만 원	3,000만 원
고객 1인당 이익	70,000원	60,000원	50,000원	40,000원	30,000원	20,000원	10,000원
전체 이익	700만 원	720만 원	750만 원	800만 원	750만 원	54만 원	30만 원

고객 1인당 이익이 가장 많음

대신 신규 고객 획득 건수와 매출은 적다

전체 이익이 가장 많음

※ 중요한 것은 신규 고객 획득 건수 × 고객 1인당 이익

신규 고객 획득 건수가 가장 많고, 매출도 가장 많음

대신 고객 1인당 이익이 가장 적다

↓

매출 극대화를 목표로 한다면 CPO를 9만 원으로 해야 하지만
전체 이익의 극대화를 목표로 한다면,
CPO를 6만 원으로 설정하는 것이 가장 바람직하다

매출, 고객 1인당 이익, 전체 이익을 비교하고 있다.

이 상품의 경우 CPO를 3만 원으로 설정하면, 1년간 신규 고객 획득 건수는 100건이다. CPO를 9만 원으로 증가시키면 신규 고객 획득 건수는 단번에 300건이 된다. CPO를 증가시킬수록 신규 고객 획득 건수는 늘어나고 매출도 증가한다.

하지만 고객 1인당 이익은 어떨까?

LTV가 10만 원인 상품이니까 CPO가 3만 원이라면, 고객 1인당 이익은 7만 원이다. CPO가 4만 원으로 증가하면, 신규 고객 획득 건수는 늘어나지만 고객 1인당 이익은 6만 원으로 줄어든다. CPO가 9만 원까지 증가하면, 신규 고객 획득 건수는 300건으로 늘어나고 매출은 3,000만 원으로 가장 많이 나오지만, 고객 1인당 이익은 1만 원까지 줄어들게 된다.

그림 30에서 주목해야 할 것은 **전체 이익이 가장 많이 발생하는 지점**이 어디인가이다.

> **전체 이익 = 신규 고객 획득 건수 × 고객 1인당 이익(LTV-CPO)**

고객 1인당 이익이 가장 많은 것은 CPO가 3만 원일 때이며, 신규 고객 획득 건수가 가장 많을 때는 CPO가 9만 원일 때이다.

하지만, 전체 이익은 CPO가 3만 원일 때 700만 원, CPO가 9만 원일 때 300만 원이다. 전체 이익이 가장 많은 지점은 CPO가 6만 원일 때로 전체 이익은 800만 원이 된다.

전체 이익을 극대화하려면 **상한 CPO를 6만 원**으로 설정하는 것이 가장 바람직하다. CPO를 6만 원 이상으로 설정하면, 신규 고객 획득 건수가 증가함에 따라 매출이 늘어난다.

하지만 '수확 체감의 법칙'에 빠져서 **전체 이익은 줄어들게 된다.**

정말 많은 회사가 이 **'함정'**에 빠져 있다.

후기 다수 수용자나 지각 수용자까지 돌아서게 하기 위해 쓸데없는 투자를 거듭하고 있는 것이다.

'수확 체감의 법칙'이나 '이노베이터 이론'을 모르면, CPO 3만 원에 신규 고객을 100건 획득하고 전체 이익이 700만 원 나오기 때문에, CPO를 3배인 9만 원까지 늘리면 신규 고객도 4배인 300건, 전체 이익도 3배인 2,100만 원이 될 것이라고 착각하기 쉽다.

하지만 그렇지 않다는 사실을 그림 30은 알려준다.

광고투자 밸런스 지표로
기회손실과 손익분기점를 확인하자

그렇다고 CPO가 적을수록 좋은 것은 아니다. 너무 줄이면 기회손실이

발생하기 때문이다.

광고의 투자 효율성 지표 중 하나로 'ROAS^{Return On Advertising Spend}'가

있다.

이것은 광고비 대비 광고를 통해 얼마나 많은 매출을 올렸는지를

측정하는 지표이다. 산출식은 이렇게 된다.

ROAS = 광고를 통한 매출 ÷ 광고비

예를 들어, 1,000만 원의 광고비를 집행하여, 매출이 2,000만 원

나왔다면

광고를 통한 매출 2,000만 원 ÷ 광고비 1,000만 원 = ROAS 2.0 (혹은

200%)

이다. 같은 1,000만 원의 광고비라도,

광고를 통한 매출 3,000만 원 → ROAS 3.0 (혹은 300%)

광고를 통한 매출 5,000만 원 → ROAS 5.0 (혹은 500%)

이 되어 ROAS가 높으면 높을수록 좋다고 생각한다.

그렇다면 단순히 ROAS를 높이려고 하면 어떻게 될까?

ROAS가 낮은 광고를 그만두게 된다. 그러면 기회손실이 늘어난다. 고객 1인당 이익은 증가하지만, 전체 이익은 감소한다. ROAS는 올라가고 효율성은 높아지지만, 전체 이익은 줄어드는 현상이 발생하는 것이다. ROAS에는 최적치가 없다. 재구매를 가정한 정기 구매(서브스크립션)의 경우, 1.0을 밑돌아도 이익이 난다. 1.0 이상이면 흑자, 1.0 미만이면 적자라는 단순한 것이 아니다.

ROAS는 "광고 A는 광고 B에 비해 ROAS가 나쁘다", "광고 A는 지난달에 비해 이번 달이 ROAS가 좋다"와 같이 광고와 광고끼리 또는 같은 광고의 시기별 반응을 비교하기 위한 것이다.

그래서 우리 회사는 기회손실과 손익분기점의 확인을 위해 **'광고투자 밸런스 지표(신조어)'**를 활용한다.

상품이 여러 개 있으면 CPO도 각각 달라진다. 이를 종합하여 기회손실 또는 과잉투자가 되지 않았는지를 살펴보는 것이다.

> 광고투자 밸런스 지표 = CPO 실적 ÷ 상한 CPO

이를 계산하여 1.0보다 낮으면 기회손실, 1.0보다 높으면 과잉투자로

판단한다. **1.0이 가장 적정한 수치이다.**

예를 들어, 상한 CPO가 6만 원이고, 결과적으로 CPO 실적이 5만

원이라면

CPO 실적 5만 원 ÷ 상한 CPO 6만 원 = 0.83

으로 기회가 손실되었음을 알 수 있다.

이를 일주일에 1회씩 확인하고, 1.0을 넘으면 광고를 줄이고 1.0을

밑돌면 광고를 조금 더 많이 집행하는 것이다.

이전에는 1.0을 초과하는 부분에 대해서 "과잉투자이니 광고를

중단하라"고 지시했었다.

하지만 과잉투자만 지적받으면 직원들은 적극적으로 광고를 하지 않게

된다. 과잉투자도 문제지만 기회손실이 발생하면 안 되기 때문에 이

지표를 적극 활용하기 시작했다.

3

매출 최소화,
이익 최대화의 법칙

매출이 절반으로 줄어도
이익 1.5배, 이익률 3배

그림 31을 봐주길 바란다.

1년 LTV가 11만 원인 상품이 있다고 가정해 보자.

이 상품의 판매를 위한 CPO 상한선을 10만 원으로 설정했다.

한 명의 고객을 얻기 위해 10만 원이 들어가고, 1년 동안 11만 원의

그림 31 매출 최소화, 이익 최대화의 법칙

	1년 LTV	상한 CPO	1년 목표이익
	11만 원	**10만 원**	**1만 원**

	건수	CPO	광고비	1년 매출	1년 이익
총액	1,000건	100,000원	10,000만 원	11,000만 원	1,000만 원

상한 CPO 내

매출	이익	이익률
1.1억 원	**1,000만 원**	**9%**

매출을 올리면, 고객 1인당 연간 목표이익은 1만 원이 된다.

신규 고객 1,000건을 획득했을 경우, CPO는 10만 원이므로 광고비는 1억 원이 된다.

신규 고객에 의한 1년 간의 매출은

1년 LTV 11만 원 × 신규 고객 1,000건 = 1년 매출 1.1억 원

이 된다.

상품의 순매출이익이 100퍼센트라고 가정하면

매출 1.1억 원 - 광고비 1억 원 = 1년간 판매이익 1,000만 원

*이익률 9%

이 된다.

이를 본 많은 경영자들은 '목표대로다', '특별한 문제가 없다'고 생각할 것이다.

다만, 이 경우에는 광고비 전체를 보고 있기 때문에 광고별 내역을 살펴보지 않으면 안 된다.

그림 32를 살펴보자.

앞서 광고비를 총액으로 관리했지만, 이번에는 광고를 개별적으로 관리하기로 결정했다.

그림 32 매출 반토막, 이익 1.5배, 이익률 3배

	1년 LTV	상한 CPO	1년 목표이익
	11,000만 원	**10,000만 원**	**1,000만 원**

광고 A와 B를 개별적으로 살펴보면					
	건수	CPO	광고비	1년 매출	1년 이익
광고 A	500건	80,000원	4,000만 원	5,500만 원	1,500만 원
광고 B	500건	120,000원	6,000만 원	5,500만 원	-500만 원
총액 (합계·평균)	1,000건	100,000원	10,000만 원	11,000만 원	1,000만 원

광고 B는 '상한 CPO'를 초과하고 있다

매출	이익	이익률
11,000만 원	**1,000만 원**	**9%**

이익으로 연결되지 않는 광고 B를 그만둔 경우					
	건수	CPO	광고비	1년 매출	1년 이익
광고 A	500건	80,000원	4,000만 원	5,500만 원	1,500만 원
~~광고 B~~	~~500건~~	~~120,000원~~	~~6,000만 원~~	~~5,500만 원~~	~~-500만 원~~
총액 (합계·평균)	500건	80,000원	4,000만 원	5,500만 원	1,500만 원

광고 B를 그만두면 어떻게 되는가?

매출	이익	이익률
5,500만 원	**1,500만 원**	**27%**

매출은 절반으로 줄지만 이익은 **1.5**배, 이익률은 **3**배로 늘어난다

그림 32 상단의 표를 보면, 신규 고객 획득 건수는 전체적으로 1,000건이지만, 광고 A와 광고 B 모두 500건씩이었다.

CPO를 보면, 광고 A는 8만 원이고 광고 B는 12만 원이다.

평균으로 보면 10만 원이지만, 광고 B는 상한 CPO인 10만 원을 초과한다.

광고 A의 비용은 4,000만 원, 광고 B의 비용은 6,000만 원으로 1년 매출은 같은 5,500만 원이지만 1년 이익은 어떨까? 광고 A는 1,500만 원이지만 광고 B는 마이너스 500만 원 적자이다.

이렇게 개별적으로 분석하면, 이익으로 연결되는 광고와 이익으로 연결되지 않는 광고를 알 수 있다.

그리고 그림 32의 하단의 표와 같이, 광고 B를 중단하면 어떻게 되는가?

광고 A, B 모두를 집행한 경우와 광고 A만을 집행한 경우를 비교해 보자.

광고 A, B 매출 11,000만 원 1년간 판매이익 1,000만 원 *이익률 9%

광고 A만 매출 5,500만 원 1년간 판매이익 1,500만 원 *이익률 27%

매출은 반토막 났지만, 이익은 1.5배, 이익률은 3배가 되었다.

상한 CPO를 정하고,
그 이상은 광고하지 않는다

많은 회사들이 광고 효과를 전체 총량의 평균으로 관리한다. 현실은 광고대행사에게 일임하고 "상한 CPO 10만 원 이내에서 신규 고객을 최대한 확보해달라"고 요청한다.

광고대행사는 다양한 광고를 조합하여 CPO 10만 원 이내로 맞춰온다. 그중에는 10만 원을 초과하는 것도 있고 10만 원 이하인 것도 있어, 평균적으로 10만 원이 되도록 하고 있다.

그러나 우리 회사는 철칙으로 **개별적으로 CPO를 측정하여 상한 CPO 이상의 광고를 절대 집행하지 않는다.**

광고 소재나 캠페인별로 매일같이 점검하고 수익성이 없는 광고는 중단한다. 우선, 일단 중단하고 재조정에 들어간다.

수익성이 맞지 않는 경우, 입찰금액이 높은지, 클릭률(광고가 노출된 횟수 대비 클릭 횟수)이 낮은지, 전환율(상품 구매나 자료 요청 등 '광고주가 설정한 목표'를 달성하는 비율)이 낮은지 등을 체크하여 재조정한 후 다시 집행한다.

예를 들어, 전날보다 주문이 줄었다고 하자.

그때 광고매체별로 무엇이 몇 건 줄었는지, 상품별로 어떤 상품이 몇 건

줄었는지, 광고 노출 횟수가 줄었는지, 전환율이 낮아졌는지 등. 우리 회사에서는 이런 것들을 일일이 나열하면서 매일 아침 대책을 논의하고 있다.

판촉비를 쓰면 누구나 매출을 올릴 수 있다. 그러므로 매출 경쟁은 의미가 없다.

광고로 말하자면, CPO를 100만 원만 쓰면 누구나 1,000억 원 또는 2,000억 원의 매출을 올릴 수 있다. 하지만 전체 이익은 적자가 된다.

매출을 올리는 것을 목표로 하는 것이 아니라, **전체 이익을 내는 것을 목표**로 한다.

집행한 광고를 항목별로 나눠서 관리하고, 적자 광고는 모두 중단한다.

그러면 **매출은 줄지만, 이익은 늘어난다.**

수익이 나지 않는 시간대의 광고는 모두 중단한다

인터넷 광고는 하루 단위로 보면 수익이 나더라도, **시간대로 보면 흑자의 시간과 적자의 시간이 있다.** 낮에는 수익이 나지 않는데, 밤에는 수익이 날 때가 있다. 시간대에 따라 전환율이 눈에 띄게 달라지기도 한다.

낮에 지하철을 타고 있는 사람이 스마트폰으로 우리 광고를 보고 클릭을

했다고 가정해 보자.

이 단계에서 '클릭당 과금'으로 우리 회사에 비용이 발생한다. 하지만

클릭 후 들어간 페이지를 보고 우리 상품을 구매하느냐가 관건이다.

직장인이라면 낮에 바쁘기 때문에 클릭을 해도 클릭한 페이지를

꼼꼼하게 읽어보고 구매를 하는 경우가 드물다. 한편, 밤에는 천천히

읽어보고 마음에 들면 구매하는 경우가 많다. 우리 회사의 경우 밤에

구매로 이어지는 비율(전환율)이 더 높은 것으로 나타났다.

수익이 나지 않는 시간대의 광고를 모두 중단하면, 수익이 나는 시간대의

광고만 남는다.

이렇게 하면 매출이 떨어지기 때문에 많은 경영자들이 싫어하지만,

이익률과 이익은 올라간다.

우리 회사는 매일 5,000개의 광고를 집행하고 매일 확인한다. 상한

CPO를 초과하는 광고는 필터링이 되는 구조로 되어 있기 때문에,

바로 확인할 수 있다. 좀 더 자세히 말하자면, 상품별로 노출수, 클릭수,

사용금액의 기준이 있으며, 기준에 미달하는 것을 시스템이 잡아주는

것이다. 이것들을 일단 중단하고, 수익이 나지 않는 이유를 고민하여

재조정하여 집행한다.

부모 광고와 자녀 광고의
관리법

어떤 사업이든 세부적으로 살펴보면 적자부문이 꽤 있다. 그것을

면밀하게 조사하여 중단하고, **매출을 최소화하면서 이익을 최대화한다.**

조금 응용적인 이야기지만, 우리는 일반 광고를 **'부모 광고'**, 지정 검색

광고와 리타겟팅 광고를 **'자녀 광고'**라 부른다.

지명 검색 광고는 우리 회사의 '상품명'을 검색한 사람에게 표시되는

광고를 말한다. 리타겟팅 광고는 부모 광고를 클릭한 사람을 특정하여,

그 사람에게 반복적으로 노출하는 광고이다.

자녀 광고는 이미 관심이 있는 사람에게 보여주기 위한 광고이기 때문에

전환율이 높은 반면, 부모 광고는 전환율이 낮은 편이다. 다만, 자녀

광고는 부모 광고가 있었기에 탄생한 광고이다. 따라서, 부모 광고의

수익성이 좋지 않다고 해서 중단하면 자녀 광고는 발생하지 않는다.

그래서 '이 지명 검색을 한 사람(혹은 이 리타겟팅 광고를 클릭한 사람)은

그 전에 어떤 부모 광고를 클릭했는가'와 같은 **부모 광고와 자녀 광고의 관계를 시스템으로 파악하고 부모 광고와 자녀 광고의 연계를 고려하여 CPO의 관리를 실시한다.**

예를 들어, 상한 CPO 10만 원의 경우, 부모 광고가 12만 원이고 자녀 광고가 8만 원이라면 모두 상한 CPO 이하라고 생각하는 것이다.

단 8자만 추가하여
매출 1.5배 증가

이 장을 마무리하면서, 단 8자만 추가하여 매출을 1.5배 증가시킨 광고를 소개하겠다.

특산품 인터넷 쇼핑몰을 운영하고 있을 때, 가장 많이 팔린 것은 털게, 가리비, 새우로 구성된 '체험 세트'였다.

당시만 해도 인터넷에 광고매체가 거의 없었다. 애초에 자금력도 부족했기에 '비용을 들여서 판매'하는 것도 불가능했다. 머리를 짜내어 파는 것 외에는 다른 방법이 없었다.

그래서 상품의 개수를 선택하는 풀다운 버튼 옆에 **'단 1인당 2개까지'**라고 8자를 추가했다.

그랬더니 구매자의 약 절반 정도가 2개씩을 사게 되었다.

대부분의 사람들은 물건을 살 때 '몇 개나 살까?'하고 고민하지 않는다.
대체로 1개를 생각한다. 하지만 "단 1인당 2개까지"라고 적혀 있자,
'몇 개를 사지?', '2개까지만 살 수 있으면 지금 2개를 사는 게 좋지
않을까?'하고 고민하게 되는 것이다.
당시에는 규모가 작았기 때문에 매출 효과는 월 수백만 원에 불과했지만,
만약 월매출 1억 원짜리 상품이라면 '8자'로 월 5,000만 원, 연간 6억
원의 매출이 증가했을 것이다.
광고비를 쓰기 때문에 팔리는 것이 아니라 **지혜를 쓰는 것이 왕도**'라는
말을 덧붙이고 싶다.

제6장

팬들의 마음을 사로잡고
놓지 않는
고객 전략

1

튀는 프로모션은
메리트가 없다

**팔리는 것과
계속 팔리는 것은 다르다**

우리 회사의 비즈니스 모델을 한마디로 말하면

'D2C×서브스크립션'이라고 앞서 말했었다.

고객의 고민을 해결하는 **고품질의 상품**(4장)을 인터넷 광고로 홍보하여

신규 고객을 확보(5장)하고, 이후에도 **정기 구매**(4장)를 하게 하는 것이다.

애초에 '물건을 산다'라고 해도, 첫 번째 구매와 두 번째 이후의 구매는 다르다.

첫 번째 구매는 마케팅의 힘이 크다.

한 번도 써보지 않은 물건을 사는 것이기 때문에 반드시 '품질이 좋은 상품'이 팔리는 것은 아니다. 단지 '좋아 보이는 상품'이 팔리는 것이다. 좋아 보이는지 여부는 디자인, 카피라이팅, 상품 사진 등 '파는 방법'의 부분이 크다.

다만 '파는 방법'만 잘한다면 거기서 끝이다. '좋아 보이는' 것일 뿐, 품질이 좋지 않다면 재구매는 이루어지지 않는다.

반면, 두 번째 이후의 재구매의 경우에는 **'품질력'**이 핵심이 된다.

'품질이 좋은 상품'만 계속 팔린다. 우리 회사의 건강식품, 화장품 등은 대게 한 달 안에 다 사용한다. 상품이 마음에 드는 사람은 매달 구매한다. 우리 회사의 경우 정기 구매의 매출 비율이 약 70퍼센트에 이른다. 우리 회사의 고객은 약 30만 명으로 한 번 인연을 맺은 고객들이 반복적으로 재구매를 해주기 때문에 CPO가 많이 들지 않는다.

따라서 5단계 이익관리에서 판촉비 등이 줄어들고 판매이익이 늘어난다. 그리고 그만큼 원가에 투자하고 있다. 즉, '품질'에 투자하는 것이다. 그 결과, 우리 회사의 원가율은 동종업계의 2~3배이지만,

영업이익률도 몇 배에 달한다.

매출을 향상시키기 위해서는 **기존 고객의 정착과 유지**가 중요하다.
하지만 현실은 많은 광고비를 들여 신규 고객 유치에만 주력하는 회사가
많다. 그렇게 확보한 고객도 한 번 떠나 버리면, 또 새로운 고객을
개척해야 하므로 항상 CPO가 발생한다.
상품 품질에 투자하고, 기존 고객과의 관계를 잘 유지하면 결과적으로
한 명의 고객이 그 기업에 지불하는 총액 = **LTV(고객 생애 가치)의
향상**으로 이어져 고이익 체질이 된다.

방송국의 취재가
쇄도한 이유

홋카이도 특산품을 취급하고 있던 2008년, 어느 거래처로부터
"다리가 부러진 게나 살짝 터진 명란젓을 싸게 줄 테니 구입해 줄 수
있겠나?"
라는 말을 들었다.
품질은 좋은데 이유가 있어서 싸다. 식품판 아웃렛이라고 할 수 있다.

그래서 나는 '이유 있는 미식 상품' 전문 쇼핑몰을 개설하여, 이런저런 이유 때문에 정품으로 판매할 수 없는 특산품을 20~70퍼센트 할인된 가격으로 판매했다.

당시는 리먼 사태 이후 불황의 시기였다.

"다리가 하나 없지만, 맛은 전혀 문제없는 저렴한 대게"

"싸고 맛있는 못난이 명란젓" 등으로 호응을 얻으면서

'지갑을 열게 하는 가성비 식재료'로 여러 곳의 언론에 소개되었다.

또, 전자상거래 보급에 기여한 공로로 '온라인 쇼핑 대상'에서

최우수상을 수상한 것도 계기가 되어 언론의 취재가 늘어났다.

전국의 방송국에서 앞다퉈 취재를 하면서 1년에 30회가 넘는 방송이 나갔다.

최고조에 달한 것은 TV도쿄의 대표 방송 〈가이아의 새벽〉이었다.

'잠자는 재고를 보물로'라는 테마로 우리 회사의 부사장이 '못생긴 유바리 멜론' 등 다양한 이유가 있어 싸게 파는 상품을 소개하는 모습이 전국에 방송되며, 전국적인 붐이 되었다.

처음에는 취재를 받으면서 '대박 맞았나?'라고 생각했다. 언론에서 이렇게 많이 홍보해 주면 틀림없는 대박이라고 생각했다.

하지만 그 기대는 순식간에 사라졌다. 나는 곧 매출도 이익도 증가하지 않을 것을 깨달았다.

비교 검토 후
선택되는 상품

왜 그런가?

방송에 소개되면서 고객은 확실히 늘었다. 하지만 동시에 따라하는 경쟁자도 늘어났다. 중소기업뿐만 아니라 대기업도 '이유 있는' 시장에 뛰어들었다. 순식간이었다.

'이유 있는 식재료'로 검색하면, 비슷한 사이트가 즐비하기 때문에 고객들은 방송에서 본 사이트가 어떤 사이트인지 알 수 없다. 그냥 검색한 것 중에 가장 좋아 보이는 상품, 가장 저렴한 상품을 찾는다.

'이유 있는' 사이트는 식재료뿐만 아니라 '이유 있는 가전', '이유 있는 가구', '이유 있는 투어' 등 큰 인기를 끌었다.

이 상황을 냉정하게 바라본 결과, '이유 있는 미식 상품' 사이트는 우리의 성장동력이 될 수 없다고 판단했다.

지금 시대는 유행을 일으킨 사람에게 그 혜택이 돌아가지 않는다.

인터넷이 보급되기 전, 유행의 과실은 유행을 일으킨 당사자에게

집중되었다.

하지만 현재는 검색엔진이나 인터넷으로 쉽게 검색할 수 있기 때문에,

유행이 일어나면 그에 편승하는 회사들이 많이 나온다. 아이디어로

승부하는 비즈니스는 금방 모방되고, 블루오션은 곧 레드오션으로

바뀐다.

이제는 검색엔진에서 **비교 검토된 후에도 선택받을 수 있는 상품**을

만들어야 하는 것이다.

유행이 사라져도
정기 구매가 이루어지는 이유

유행은 일시적인 것이고, 금방 모방된다. 계속 팔리는 것이 아니다.

여러 가지를 경험하고 배움을 얻으면서 상품의 품질로 승부하는

온리원이 되어야 한다고 생각했다. 가장 기본적인 상품을 오랫동안

팔고, 정말 마음에 들어하는 고객과 평생을 함께한다.

건강식품, 화장품에는 효소, 수소수, CoQ10, 레스베라트롤 등 시기에
따라 유행했던 소재가 많았지만, 화제가 되었다가 곧 사라지기 마련이다.
유행에 휩쓸려 구매한 고객은 다음 유행하는 상품으로 옮겨가기 때문에
고정고객이 되기 어렵다.

우리 회사는 올리고당, 매실 추출물, 대나무 진액, 히알루론산 등 유행에
좌우되지 않는 기본적인 소재를 사용해 효과가 좋은지 여부를 기준으로
상품을 개발하고 있다. 유행하고 있는 소재를 사용하는 경우에도
그것을 전면에 내세우지 않고 상품을 개발한다. 그것을 구입한 고객은
유행이라서 산 것이 아니라, 상품이 마음에 들어서 구입한 것이다. 그런
고객들은 유행이 지나가도 정기 구매를 해준다는 것을 알고 있다.

줄 서는 가게가 성공했다고
말할 수 없는 이유

유행이라는 측면에서 '줄 서는 가게'를 한 번 생각해 보고 싶다.
줄을 서는 현실을 경영적 관점에서 보면 '기회손실'이다.
수요에 대응하지 못하는 것=대응할 수 있다면 얻을 수 있는 매출을
올리지 못하는 것이기 때문이다.

이때 매장을 확장하거나 직원을 고용하는 방법으로 공급량을 늘려 대기줄을 없애면 어떻게 될까?

여기서 갈림길이 기다리고 있다. 하나는 기회손실을 없애서 매출이 증가하는 가게와 다른 하나는 대기줄이 사라지면서 희소가치도 사라져 매출이 떨어지는 가게이다.

같은 대기줄이라도 의미가 다르다. 전자는 '품질'로 만들어진 대기줄이고, 후자는 '화제성'으로 만들어진 대기줄이다.

"왜 이 상품을 사셨어요?"

"지금 굉장히 인기가 많아서요"

라는 경우가 있다. '인기가 많아서', '잘 팔리는 제품'이기 때문에 '왜 인기가 많아졌는지'는 아무도 모른다. 그것이 유행이다. 화제성으로 만들어진 행렬은 공급량을 늘리면 금방 사라진다. 그래서, 우선 **품질의 행렬을 만들어야 한다**. 그 이후, 대기줄이 사라지도록 품질을 유지하고 향상시키면서 점차 공급량을 늘려간다.

줄 서서 먹던 라멘집이 매장 수를 늘려 줄은 사라지고 언론에 소개되지 않더라도 맛이 좋으면 계속해서 팔린다. 다점포 체인화를 통해 이익이 늘어난다.

화제가 되는 것과 이익이 나는 것은 별개이다. 품질로 승부하고, 매장

수를 늘렸을 때 고객도 같이 늘어난다면 매장 수를 늘리는 것이 좋다.

희소가치로 승부한다면 좌석 수가 적은 채로 유지하면 된다.

줄을 선다고 성공이 아니다. 행렬이 사라진 후에 진정한 성공 여부가

결정된다.

프로모션은
눈에 띄지 않는 것이 좋다

프로모션에는 두 가지 종류가 있다(그림 33).

'눈에 띄는 프로모션'과 '눈에 띄지 않는 프로모션'이다.

눈에 띄는 프로모션은 TV 광고나 이벤트 등 불특정 다수를 대상으로

'눈에 띄고', '화제가 되는 것'을 목적으로 한다.

눈에 띄는 프로모션으로 매출이 오르지 않는 경우에는 자기만족,

집안싸움, 소비자 부재로 이어진다.

반면에 매출이 증가하면, 경쟁자의 주목을 받고, 경쟁이 치열해져

이익률이 떨어진다.

눈에 띄는 프로모션은 회사에 전혀 도움이 되지 않는다. TV 광고를 많이

그림 33 '눈에 띄는 프로모션'과 '눈에 띄지 않는 프로모션'

> **눈에 띄는 프로모션** - TV 광고나 이벤트 등 불특정 다수를 대상으로 '눈에 띄고',
> '화제가 되는 것'을 목표로 하는 프로모션
>
> **눈에 띄지 않는 프로모션** - 타겟에게만 인지될 수 있도록 기획된 프로모션

	매출이 오르지 않는 원인	매출이 오르면
눈에 띄는 프로모션	1. 자기만족, 집안싸움, 소비자 부재	2. 경쟁자 주목, 경쟁으로 이익률 하락
눈에 띄지 않는 프로모션	3. 너무 눈에 띄지 않아 타겟에게 도 인지되지 않음	4. 매출 상승, 경쟁이 생기지 않기 때문에 지속적인 성장 가능

> 인지도가 높고 유명하지만 수익이 나지 않는 회사는
> '눈에 띄는 프로모션'을 하고 있다
>
> **광고의 목적은 눈에 띄는 것이 아니라 이익을 창출하는 것이다**

집행해도 매출이나 이익으로 이어지지 않는 경우가 많다.

그에 비해 눈에 띄지 않는 프로모션은 오로지 타겟에게만 인지되는 것이
목적이다.
눈에 띄지 않는 프로모션으로 매출이 오르지 않는 경우는 너무 눈에
띄지 않아 타겟에게도 인지되지 못하는 경우다.
**반면, 눈에 띄지 않는 프로모션으로 매출이 오르면, 경쟁이 일어나지 않기
때문에 지속적으로 성장할 수 있다.** 지향해야 할 곳은 바로 여기다.
우리 회사는 눈에 띄지 않는 프로모션을 목표로 하고 있다. 인터넷
광고는 상품별로 타겟을 정해서 광고를 집행한다. 그래서 타겟에서
벗어난 사람들에게는 인지도가 높지 않다.

예를 들어, 웹마케팅에 관심이 있는 젊은 사람들은 우리 회사를 알지만,
우리 회사에서 취급하는 건강식품과 화장품 브랜드에 대해서는 잘 알지
못한다.
한번은 주주총회에서 한 나이 지긋한 남성 주주로부터
"이 회사가 잘 나간다고 들었는데, 실감이 안 나네요. 나는 당신네 상품을
본 적도 들어본 적도 없다. 아직 멀었다"
라는 말을 들은 적이 있다.

그것은 우리에게 '칭찬'이다.

왜냐하면, 말씀을 하셨던 분은 우리의 타겟이 아니기 때문이다. '눈 밑 노화'로 고민하지 않는 사람이 이를 해소하는 크림을 알아도 의미가 없다. '변비'로 고민하지 않는 사람이 변비를 해결해주는 건강식품을 아는 것은 의미가 없다.

올리고당 건강식품을 취급하기 시작했을 때, 고객들이 어떤 단어로 검색을 할까 고민했었다.

그때, **임신한 여성은 변비에 걸리기 쉽지만, 변비약을 먹고 싶어 하지 않는다**는 정보를 얻게 되었다.

약효가 강한 변비약을 많이 복용하면 유산을 유발할 수 있다고 한다. 그런 이유로 변비에 걸리지 않는 체질이 되고 싶어한다. 올리고당은 장내 환경을 좋게 만들어 변비가 잘 생기지 않는 체질로 바꿔준다.

그래서 **'임신'과 '변비'로 검색을 하면 우리의 광고가 노출**되도록 했다.

하지만 타겟 외의 사람들은 그 상품의 존재조차 모른다.

그것은 곧 경쟁자가 생기기 어렵다는 것을 의미한다.

광고의 목적은 눈에 띄는 것이 아니다. 이익을 창출하는 것이다. 눈에 띄지 않는 프로모션이 가장 큰 이익을 창출한다.

실력이 부족한 마케터들은 눈에 띄는 프로모션을 하고 싶어 한다.

왜냐하면, TV 광고 등을 가리키며 "저건, 내가 했어"라고 말하고 싶기

때문이다. 광고대행사들이 눈에 띄는 프로모션을 계속 제안하는 것은

일시적인 매출을 올리는 것만 생각하기 때문이다.

정말 실력이 있는 사람은 눈에 띄지 않는 프로모션으로 이익을 낼

생각을 하고 있다.

인지도가 없어도
실력이 있으면 팔린다

지금부터 약 30년 전, 〈DODA(듀다)〉의 TV 광고가 큰 인기를 끌면서,

'이직한다=듀다한다'라는 말이 신조어로 유행였다. 〈DODA〉는

이직정보지의 대명사였다.

그러나 실제로는 〈DODA〉보다 리크루트의 이직정보지 〈Being〉의

매출이 더 높았다. 당시에 〈Being〉의 영업력이 더 뛰어났기 때문이다.

나는 그 경험을 통해 **'인지도가 없어도 실력만 있으면 팔린다'**고 느꼈었다.

우리 회사는 인지도에 무관심하다. **고객들은 '진짜'를 알아보는 안목을**

가지고 있다. '유명하지도 않은데 팔리는 것'이 진짜의 증거이고,

자랑할 만한 사건이다('인지도는 필요 없다'는 것이 아니라, '인지도가

필수조건이 아니다'라는 의미다).

주위에 유명하고 멋있게 보이고 싶은지, 이익을 내고 싶은지에 따라

해야 할 일은 달라진다.

우리 회사는 인지도를 높이기 위해 쓸데없는 일에 돈도 시간도 허비하지

않기 때문에 이익이 증가하고 있다.

극단적으로 말하면, 구매자만이 상품의 존재를 알면 된다. 무턱대고

인지도를 높이려고 하면 비용이 많이 들기 때문에, 구매할 사람 외에는

인지되지 않도록 하고 싶다. 상품을 필요로 하는 고객에게만 알리고, 그

고객과 오랫동안 관계를 유지하고 싶다.

조금씩 고객이 늘어나고 결과적으로 인지도가 높아지는 것이 가장

이상적이라고 생각한다.

2

필요한 사람에게만 광고를 노출하는 마케팅 퍼널 사고법

D2C를 지배하는
마케팅 퍼널이란?

우리 회사는 이른바 D2C 기업이다.

직접 기획하고 생산한 상품을 소매점 등의 일반 유통을 거치지 않고

소비자에게 직접 판매한다. 소셜미디어, 인터넷 쇼핑몰 및 직영

쇼핑몰에서 소비자와 소통하며 직접 생산한 상품을 판매한다. 의류

브랜드나 화장품 브랜드에서 많이 채택하고 있는 형태이다. D2C는 고객과 직접적인 접점을 가진다.

반면, B2C는 일반적으로 소매점을 통해 상품을 판매하기 때문에 어떤 사람들이 얼마나 자주 상품을 구매하는지 파악하기 어렵다. 하지만 D2C의 경우에는 자체적으로 판매 채널을 보유하고 있기 때문에 고객 정보를 축적할 수 있고, 고객에 맞춘 세심한 서비스를 제공할 수 있다.

이번 장에서는 **D2C의 마케팅 퍼널**에 대해 알아보자.

마케팅 퍼널이란, 고객에게 인지되고, 흥미와 관심을 끌고, 비교 검토되고, 구매에 이르기까지의 흐름을 말한다.

가령 처음으로 고객 100명에게 상품이 인지되면, 비율적으로 60명 정도가 상품에 흥미와 관심을 갖게 되고, 30명이 다른 상품과 비교 검토하여, 결국 10명 정도가 상품을 구매하는 것으로 대상자가 점점 좁혀져 간다.

그림 34를 보면, 어떤 회사가 인지 비용(광고비)으로 10억 원을 사용하여, 매출 11억 원에 이익 1억 원을 기록했다.

그렇다면 이익을 지금의 10배인 10억 원으로 늘리려면 어떻게 해야 할까?

그림 34 D2C 마케팅 퍼널 ①

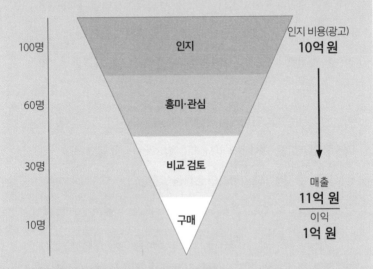

인지 비용(광고비)으로 10억 원을 사용
매출 11억 원, 이익 1억 원이 되었다

그림 35 D2C 마케팅 퍼널 ②

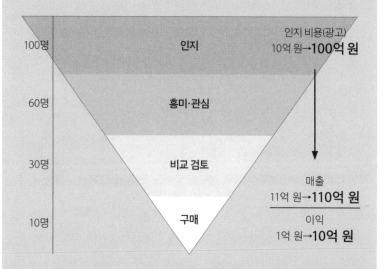

100명   **인지**   인지 비용(광고)
10억 원→**100억 원**

60명   **흥미·관심**

30명   **비교 검토**

매출
11억 원→**110억 원**

10명   **구매**   이익
1억 원→**10억 원**

기존 마케팅에서는 인지 비용을 10배 늘려서

매출을 10배 목표로 한다

↓

하지만 언젠가는 인구 상한에 부딪힌다

기존의 마케팅 사고방식이라면 인지 비용을 10배로 늘려 100억 원을 지출하고, 매출 110억원에 이익 10억 원을 목표로 할 것이다(그림 35). 하지만 이 방법은 곧 **인구 상한이라는 벽**에 부딪힌다. 인터넷 광고든 TV 광고든 시청하는 사람들의 수에는 한계가 있다.

그래서 D2C 기업인 우리 회사의 경우에는 눈에 띄지 않는 프로모션을 실시한다. 즉, 인지 대상을 넓히는 것이 아니라 인지 대상을 좁히는 것이다.

그림 36과 같은 이미지다.

인지 비용을 10억 원에서 1억 원으로 낮추고, '인지를 했지만 구매하지 않는 사람'을 최대한 없애고, '구매할 사람에게만' 인지하게 한다.

TV 광고를 본 사람들 대부분은 그 상품을 구매하지 않는다. 구매하지 않는 사람에게 인지시키는 것은 소용없다. 더 이상 구매하지 않는 사람에게 다가서는 것을 아예 중단하라.

그림 36 D2C 마케팅 퍼널 ③

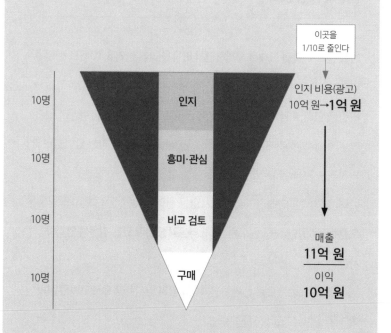

이곳을
1/10로 줄인다

인지 비용(광고)
10억 원→**1억 원**

10명 — 인지

10명 — 흥미·관심

10명 — 비교 검토

10명 — 구매

매출
11억 원

이익
10억 원

구매 가능성이 높은 사람만 인지하도록

광고 범위를 좁힌다

※인터넷 광고이기 때문에 가능한 일이다

10억 원의 광고비로
100억 원의 이익

이를 통해 **매출을 그대로 유지하면서 비용을 낮춰 이익을 10배**로 늘릴 수 있다.

이것은 인터넷 광고와 같이 타겟 세그먼트 기능이 뛰어난 수단이 있기 때문에 가능한 일이다. 그림 36을 보면 **'상품을 모른다'라는 말이 칭찬**의 의미라는 것을 알 수 있을 것이다.

나에게 "기타노다츠진이라는 회사명은 들어봤지만, 당신 회사의 상품은 모른다"고 말한 사람은 그림 36의 **역삼각형 안에 있는 검은색 영역의 사람**이다.

이것을 10개 상품으로 전개하면, **10억 원의 인지 비용으로 100억 원의 이익**을 올릴 수 있다(그림 37).

광고업계에 종사하는 사람들 중에는 '이제 광고가 혐오의 대상이 되었다'고 생각하는 사람들이 있다.

"TV 광고는 스킵한다", "인터넷에 광고가 뜨면 짜증난다고 한다"라며 한탄하는 크리에이터도 있다.

그런 사람들이 왜 광고를 성가시게 여기는지 생각해 보길 바란다.

그림 37 D2C 마케팅 퍼널 ④

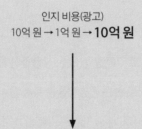

10명	인지	인지	인지	인지	인지	인지	인지	인지	인지	인지
10명	흥미·관심	흥미·관심	흥미·관심	흥미·관심	흥미·관심	흥미·관심	흥미·관심	흥미·관심	흥미·관심	흥미·관심
10명	비교 검토	비교 검토	비교 검토	비교 검토	비교 검토	비교 검토	비교 검토	비교 검토	비교 검토	비교 검토
10명	구매	구매	구매	구매	구매	구매	구매	구매	구매	구매

인지 비용(광고)
10억 원 → 1억 원 → **10억 원**

↓

매출
11억 원 → 11억 원 → **110억 원**

이익
1억 원 → 10억 원 → **100억 원**

이것을 10개 상품으로 확장하면

처음과 같이 10억 원의 광고비로 100억 원의 이익을 낼 수 있다

상품 타겟이 아닌 사람에게 광고가 노출되기 때문에 성가시게 느끼는 것이 아닐까?

소비자에게 자신과 관련된 상품의 광고는 유익한 정보가 된다.

다만, 이것이 가능한지 여부는 상품의 성격과 관련이 있다.

우리 회사는 '고객의 고민을 해결해주는' 다양한 틈새시장의 상품을 선보이고 있다.

많은 사람들이 좋아할 만한 상품이 아니라 특정한 고민을 가진 사람이라면 높은 확률로 구매할 수 있는 상품을 만들어 왔다.

예를 들어, 올리고당으로 만든 건강식품은 출시 당시 '임신', '변비'라는 키워드로 검색한 사람 100명 중 1명이 구매했다. 검색한 사람의 10퍼센트가 광고를 클릭했고, 페이지에 들어온 사람의 10퍼센트가 구매했다.

구매할 확률이 높은 사람에게만 광고를 노출한다. 인터넷 쇼핑몰은 타겟을 좁혀서 전개할 수 있기 때문에 상대적으로 CPO가 낮다. TV 광고를 하지 않겠느냐고 이야기하는 사람이 많지만 CPO가 높기 때문에 당분간은 할 생각이 없다.

무엇을 전달할 것인가에
크리에이티브의 열쇠가 있다

광고를 생각할 때, 많은 사람들이 '어떻게 전달할 것인가'를 먼저
고민한다.

하지만 그 전 단계로 필요한 것이 **'무엇을 전달할 것인가'**이다.

예를 들어, 사용자에게 아이폰에 대해 이야기하고자 할 때, 아이폰과
관련된 멋진 카피를 생각하는 것이 아니라, **아이폰의 강점, 다른 제품과의
차이점을 생각하며 무엇을 이야기할 것인지를 먼저 생각해야 한다.**

아이폰 출시 초기에는 '완전히 새로운 편리함'을 강조하며 제품 자체의
보급 활동에 주력했었다. 점차 시장이 바뀌고 스마트폰이 보편화되면서
'카메라 성능의 우수성'을 알렸다. 아이폰으로 촬영한 고화질 영상을
보여주면서 "이런 영상도 찍을 수 있다", "아이폰으로 찍은 영상을
사람들에게 보여주면 감동을 받는다" 등을 어필했다.

사용자들은 **'무엇을' 부분에 반응**한다.

대형 입시학원인 요요기세미나의 캐치프레이즈는 **"지망하는 학교가
모교가 된다"**이다. 해당 캐치프레이즈는 명카피로 주목을 받았지만,
그렇다고 해서 요요기세미나를 선택할 것인가는 별개의 문제이다.

그것은 모든 입시학원에 해당하는 카피이며, 요요기세미나만의 특징과 우월성이 전혀 드러나지 않았기 때문이다.

반면, 다른 입시학원의 카피는 **"지망학교 합격률 95%"**로 카피로서는 평범하지만, 이 카피는 수험생들에게 큰 호응을 얻었다고 한다. 이 카피는 '그 학원에서만 말할 수 있는 성과'를 말하고 있기 때문에, 차별화의 가능성이 크다.

'어떻게 전하는가'의 부분은 평범하지만, 타겟에게 직접적으로 와닿는다. 요컨대 **'무엇을 말할 것인가'가 관건이다.**

일반론이지만, 사람들에게 광고로 좋은 평가를 받은 상품은 그나지 많이 팔리지 않는다고 한다.

반면에 상품이 많이 판매된 광고는 광고로서는 그다지 좋은 평가를 받지 않는다. 매출로 이어지는 광고 메시지의 대부분이 차별화 포인트를 직설적으로 표현하고 있기 때문에, 광고로서는 별다른 재미가 없어 작품으로는 평가받지 못하는 것이다.

그러나 매출로 이어지기 위해서는 **'무엇을 전달할 것인가'**가 중요하고, 그럼에도 불구하고 차별화를 할 수 없을 때는 '어떻게 전달할 것인가'를 고민한다.

웹마케팅은 **'누구에게, 무엇을, 어떻게 전달할 것인가'**에서 **'누구에게'**
부분은 웹미디어의 세그먼트 기능을 통해 정확도를 높이고, **'무엇을,
어떻게 전달할 것인가'**의 부분을 광고 표현의 크리에이티브로
만들어내는 작업이다.

웹 이전의 마케팅에서는 '누구에게'라는 세그먼트를 먼저 생각했다.
주부를 대상으로 하는 상품이라면 크리에이티브에서 주부가 대상임을
알 수 있도록 했다. TV 광고의 첫 1초만에 전형적인 주부 복장을 한
사람이 등장하여 주부의 시선을 사로잡는다. 광고를 방영하는 시간대도
주부들이 많이 보는 시간대로 한다.

한편, 현재의 웹마케팅에서는 구글이나 페이스북의 인공지능이
'이 사람은 주부인가 아닌가?'를 파악하고 있다. 세그먼트 부분은
웹미디어가 담당하는 것이다. 더 구매할 것 같은 사람에게, 더 구매할 것
같은 시간에 자동으로 전달한다.

다만, 세그먼트 기능은 '누구에게, 무엇을, 어떻게'에서 '누구에게'
부분을 대신한 것에 지나지 않으며, **'무엇을', '어떻게' 부분은 여전히
크리에이티브의 역할**이다. 앞으로의 웹마케팅에서는 **크리에이티브의
중요성이 더욱 커질 것이다.**

또한 '누구에게' 부분 또한 가까운 미래에는 개인정보 보호의 관점에서

규제를 받게 될 것이다.

유럽에서는 이미 개인정보를 무단으로 취득하면 안 되는 법(GDPR=EU 일반 데이터 보호 규칙)이 만들어졌다. 앞으로는 웹마케팅에서 타겟을 세분화하는 기능을 더 이상 사용할 수 없을지도 모른다. 예전 TV 광고처럼 크리에이티브로 '누구에게'를 표현하지 않으면 광고효과가 떨어질 수도 있다.

따라서, 마케터는 원점으로 회귀하여 타겟을 세분화할 수 있는 광고 표현의 크리에이티브 능력을 갖춰야 할 것이다.

3

한번 사준 사람과는
평생을 함께한다

고객에게 계속 사랑받는
엔카의 전략이란?

이익을 내기 위해서는 눈에 띄지 않은 프로모션으로, 우리의 상품을

필요로 하는 고객과 만난다. 그리고 그 고객에게 **계속 사랑받는다**. 이것이

최고의 전략이다.

나는 이것을 **'엔카의 전략'**이라고 부른다.

어렸을 때, 가요 순위 프로그램을 보면서 궁금하게 생각했던 것이 있다. 방송에서는 매주 10위에서 1위의 곡을 생방송으로 발표했는데, 상위권을 차지하는 것은 젊은 인기 가수들이 부르는 노래가 중심이었다. 방송 중간에 20위부터 11위까지의 곡들을 소개하는 코너가 있었는데, 여기에 오랫동안 순위를 유지하고 있는 일본의 전통 가요인 엔카가 있었다. 모르는 곡이었다. 가수도 몰랐다(정확히는 어린 시절이라 엔카에 익숙하지 않았을 뿐이지만).

매주 순위가 크게 바뀌는 가운데, 그 엔카는 오랫동안 20위 안에 머물고 있었다.

그리고 놀랍게도 연말에 발표된 연간 순위에서 상위권에 들어갔다. 나는 이것이 '방송에 많이 노출되는 것과 많이 팔리는 것이 다르다'고 느낀 원점이었던 것 같다.

그 이후로도 나는 '왜 엔카 가수들은 방송에 나오지 않는데도 인기가 있는 것일까?'라고 계속 생각했었다.

나중에 음악업계의 사람들에게 들은 이야기지만, 엔카 가수들은 **'팬들과 직접 만나 악수하는 것'**을 중요하게 여긴다고 한다.

TV로만 보는 인기 가수보다 실제로 악수한 가수에게 친근감을 느끼고 응원하고 싶은 마음이 생긴다. '저 사람이 신곡을 냈으니, 꼭 사야지'라고 생각한다. **"엔카 가수들은 3,000명과 악수를 하면 평생 먹고 살 수 있다고 한다"**라는 말을 들은 적이 있다.

생각해 보면 홋카이도 출신 가수들은 이 전략을 취하는 경우가 많다. 키타지마 사부로나 호소카와 타카시는 엔카 가수라 말할 것도 없지만, 마츠야마 치하루, 나카지마 미유키, GLAY 등도 방송에 많이 출연하지 않는다. 하지만, 라이브 무대를 계속하고, 고객의 마음을 사로잡으며 수십 년째 활약하고 있다.

매일 30분,
팬들에게 생일축하 댓글을 쓰는 GLAY의 전략

GLAY는 어느 시기까지만 해도 방송에 자주 출연했었다.
아마도 그것은 라이브 공연에 팬들을 초대하기 위한 홍보 전략이었을 것이다.
1999년 마쿠하리 멧세 주차장 특설 무대에서 개최한 〈GLAY EXPO'99 SURVIVAL〉에서는 단일 아티스트 유료 라이브 세계 기록인 20만 명을 동원했었다. 더 이상 팬들이 늘어나도 라이브에서 받아들일 수 없다고 판단한 시점에서 방송 출연을 중단한 것으로 보인다.

2010년부터는 자체 레이블을 설립하여 활동하며, 공식 스토어인 'G-DIRECT'도 개설했고, 팬클럽도 자체적으로 운영하고 있다.

보컬인 TERU는 팬클럽 게시판에서 팬들의 생일에 맞춰 **매일 생일축하 댓글을 한 사람 한 사람씩 개별적으로 작성하고 있다.** 그것은 어려운 일이지만, 그 댓글을 받은 팬은 평생 GLAY의 CD를 구입할 것이다. 거꾸로 생각해 보면, 하루 30분의 시간을 투자하여 평생 CD를 구입해 줄 팬을 매일 양산하고 있는 것이다. 이것은 매우 효율적인 마케팅이라고 할 수 있다. 고객에게 계속 사랑받기 위해 **'특별한 경험'**을 제공하고 로열티를 받는 것이다. 이를 위해서는 일대일 커뮤니케이션을 제공하는 것이 중요하다. 방송으로 관계성이 얕은 팬을 만드는 것보다, 관계성이 깊은 팬을 만드는 것이 더 효율적이다.

회사에 상품상담과를 만든 이유

우리 회사에는 '상품상담과'가 있다. 이것은 올리고당으로 만든 건강식품이 출시된 직후에 만들어졌다.

상품을 출시할 때는 어떤 문의가 와도 대답할 수 있는 상태로 만든 후에 출시한다.

상품에 동봉하는 사용설명서 등도 상품상담과에서 만든다.

처음에는 일반 기업처럼 고객부서가 있었고, 그곳의 직원들이 상품에 대해 공부하고 고객 응대도 했다.

하지만 고객부서의 업무는 다양하다. 주문 처리, 배송일 변경, 결제 방법 안내 등도 있다. 이는 고객의 상품, 건강, 미용에 대한 문의와는 업무 종류가 달랐다.

그래서 독립시키기로 결정했다.

상품상담과의 구성원들은 영양사, 피부관리사, 코스메틱 컨시어지와 같은 자격증을 소지한 사람들로 이루어져 있다.

이 부서에는 규칙이 있다. 그것은 **'상품을 팔면 안 된다'**는 것이다. 고객이 상품 사용법에 대해 문의했을 때 "하나 더 주문하고 싶다"라고 말하면 "판매부서에 전달하겠습니다"라고 말하도록 철저히 교육했다.

상품상담과는 엔카 가수와 팬들과의 교류 기능을 담당한다. 아니면 TERU의 생일 댓글과 같은 것이다. 만약 생일 댓글이 유료였다면 의미가 달라졌을 것이다.

고객과 상품상담과의 담당자가 직접 대화함으로써 고객의 마음을 알수 있다. 고객은 자신의 고민, 생활 속에서 소중하게 여기는 것, 가치관, 가족들의 고민 등을 이야기해준다. 이를 통해 고객의 심리적인 측면을 이해할 수 있다.

상품 개발이나 마케팅을 하는 데 있어 이 과정은 매우 중요하다. 고객한 사람 한 사람에게 할애하는 시간과 인건비는 들지만, 얻을 수 있는 정보의 질을 생각하면 이익으로 이어지는 유용한 투자가 되고 있다.

AKB48도 엔카의 전략으로 대히트

마케팅을 하다 보면 '뮤지션의 전략'이 참고가 되는 경우가 많다.

GLAY는 어떻게 성장했는가? 샤란Q, LUNA SEA, X JAPAN은 어떻게 팬을 늘려왔는가? 그들의 활약은 그대로 마케팅 전략의 교본이 될 수 있다.

이들 뮤지션들도 기본적으로 '엔카의 전략'을 채택하고 있다.

샤란Q는 오사카의 길거리에서 활동하며 버스킹 라이브에 온 사람들과

친해졌다. 음악뿐만 아니라 인간적인 면모까지 포함하여 팬들을
만들어갔다.

LUNA SEA도 팬들을 소중히 여긴다. X JAPAN도 아마추어 시절부터
라이브가 끝나면 찾아온 팬들과 함께 친목회를 열었다. 이렇게 해서
조금씩 팬들을 늘려나간 것이다.

이 모습을 유심히 지켜보던 음반사 프로듀서는 '그들의 노래는 잘
모르겠지만, 팬들은 끌어모을 수 있겠다. 데뷔하면 CD는 팔리겠지'라고
생각했을 것이다.

고객을 사로잡는다는 점은 매우 중요하다. 노래만으로 승부하는
아티스트는 노래의 완성도에 따라 결과가 좌우된다. "이 노래는
좋았는데, 이 노래는 안 좋았다"라고 말하는 것은 항상 불안정하다. 반면,
팬들과 관계를 맺는 아티스트는 항상 안정적이다.

아키모토 야스시가 프로듀싱한 AKB48의 콘셉트는 '품질과 만족도로
고객을 사로잡는 것'에 있었다고 생각한다.

1980년대 아키모토가 프로듀싱한 오냥코 클럽은 방송에서 유행했지만,
일시적인 유행으로 끝났다. 이때 아키모토는 방송을 통해 다수의 팬을
만드는 것은 오래 지속되지 않는다고 느낀 것이 아닐까?

그래서 AKB48은 오냥코 클럽과는 다른 콘셉트로 만들었다.

마케팅의 본질은 일대일이라고 보고, 팬들을 한 사람 한 사람씩 만들려고 했던 것 같다.

그래서 팬들과 직접 만날 수 있는 극장을 만들었다.

극장의 첫 공연에서 관객이 일곱 명이었다는 전설적인 일화가 있다.

다른 스탭들은 방송업계 사람들이기 때문에 '망했다'라고 생각했지만,

아키모토는 처음부터 팬을 한 사람 한 사람씩 늘려가는 전략으로

생각하고 있었기에 실패라고 생각하지 않았다고 한다.

그 편이 훨씬 더 뿌리 깊은 팬들을 만들 것이라고 확신했다. 그러자

실제로 팬이 점점 늘어났다. 그리고 AKB48의 일대일 마케팅을 상징하는

'악수회'는 사회적인 현상이 되었다. 전형적인 '엔카의 전략'인 것이다.

그리고 혼자서 같은 CD를 수백 장씩 사는 팬들까지 나타났다. 이쯤 되면

지나친 감이 있지만, 그렇게까지 해서라도 응원하고 싶은 마음을 가진

팬이 나온 것은 어떻게 보면 강렬한 것이다.

'일대일 팬 만들기'는 엄청난 영향력을 불러일으킨다.

제**7**장

신입사원도
이익을 창출하는
인재 전략

1

신입사원도 즉시 성과를
낼 수 있는 업무 개선

다른 상장기업과의
차이

우리 회사는 직원 1인당 이익이 크기 때문에 업무를 아웃소싱하는 것이

아니냐는 의심을 많이 받는다. 아웃소싱을 해서 직원 수를 줄이면 1인당

이익이 커지기 때문이다.

하지만 실제로는 외부에 아웃소싱하지 않고 거의 자체적으로 일을

처리하고 있다.

아웃소싱하는 대표적인 업무인 콜센터와 광고 운영도 직접 하고 있다.

몇 년 전까지만 해도 상품 포장과 출하도 직접했지만 현재는 창고 용량이 초과되어 외부에 위탁하고 있다.

아웃소싱의 단점은 전체적으로 최적의 상태를 위한 원활한 업무 개선이 불가능하다는 점이다. 그래서 외부에 맡겼던 업무도 비효율적이라고 판단되면 다시 인수하여 효율화를 도모하고 있다.

또한 "이익이 높은 것은 직원들의 급여를 적게 지급하기 때문이다"라는 말을 듣기도 한다.

급여가 적으면 고정비용을 줄여 이익 증가로 이어질 수 있기 때문이다.

그러나 우리 회사의 신입사원의 급여는 일본에서 두 번째로 높은 수준이다. 단, 우리 회사는 상여금이 없기 때문에 연봉으로 보면 삿포로 본사 4,080만 원, 도쿄 지사 4,560만 원이 된다.

국세청의 '연령계층별, 근속연수별 평균 급여'에 따르면 대졸 신입사원의 평균 연봉은 약 2,500만 원이니, 결코 낮은 급여를 지급하는 것이 아니다. 게다가 우리 회사는 6개월마다 고정급을 인상하는 제도와 업무평가에 따라 고정급을 인상하는 제도를 가지고 있다.

ABC이익률을 파악하여
신입사원을 즉시 전력화한다

우리 회사는 **신입사원이 즉시 전력이 될 수 있도록 업무 시스템을 구축하는 방법을 연구**하고 있다.

이것은 경영자의 중요한 업무이다.

비즈니스 운영 방식에 따라 5단계 이익관리의 ABC(Activity Based Costing→115 페이지)가 달라진다.

ABC이익은 **판매이익에서 상품별 인건비를 빼서 구한다.**

> ABC이익 = 판매이익 - ABC(상품별 인건비)

앞서 언급했듯이, 우리 회사가 ABC를 의식하기 시작한 것은 홋카이도 특산품에서 건강식품과 화장품으로 취급 상품을 전환할 무렵이었다.

홋카이도의 특산품은 상품 수가 많았고, 각각 캠페인도 진행하다 보니 상품마다 투입되는 인력과 이익에 차이가 있었다. 게다가 건강식품 및 화장품에 비해 투입되는 업무량과 이익에 상당한 차이가 있었다.

그래서 **상품별 ABC**를 계산해 보았다.

상품 판매에 투입되는 간접비용(인건비)을 그 비율에 따라 배분하여 상품별 이익을 파악했다.

그러자 **홋카이도 특산품보다 건강식품 및 화장품의 ABC가 압도적으로 낮고, ABC이익과 ABC이익률은 높은 것으로 나타났다.** **적은 노력으로 큰 이익**을 내고 있었다. 이를 알게 되었을 때, ABC이익률을 파악하는 것에 대한 중요성을 실감하고, 현재까지 지속적으로 관리하고 있다.

ABC이익률의 움직임을 보면, 얼마나 적절한 업무 시스템이 구축되어 있는지를 알 수 있다.

ABC이익률을 보면서 **업무 개선을 하고 인력 배치**를 바꾸는 것이다.

물류 사고로 뼈저리게 느낀 운영의 중요성

특산품 쇼핑몰을 할 때, 물류 사고를 경험하면서 운영의 중요성을 다시금 깨닫게 되었다.

물류 사고에는 두 가지 유형이 있다. 하나는 택배업체의 사고이고, 다른 하나는 자사 창고에서의 사고이다.

택배업체는 수하물을 거점에 모아 배분하는데, 거점의 용량을 초과하면 사고가 난다. 그렇게 되면 상품을 제때 처리할 수가 없다.

자사 창고의 경우, 주문이 너무 많으면 출하를 제때 하지 못한다. 연말이 되면 게 주문이 폭주한다. 기쁜 비명이지만, 인력 부족으로 대응을 할 수가 없다. 당시에는 1건을 포장하여 출하하는 동안에 3건의 주문이 들어오는 느낌이었다.

현장의 수용력을 초과하면 배송 지연이 발생하고, 휴먼 에러의 증가, 직원들의 동기 저하 등 여러 가지 문제가 동시에 발생한다. 결과적으로 고객에게 불편을 끼친다.

현장 업무의 개선이 필요하다고 생각했다.

하지만 1년차에는 어떻게 해야 할지 몰랐다. 그저 열심히 하는 수밖에 없었다.

한밤중까지 계속 현장에서 포장을 하고 있었다. 그러자 점점 직원들이 더 이상은 무리라며 포기하기 시작했다.

"사장님, 이젠 무리예요"

"맞습니다. 불가능합니다"

그리고 침묵이 흐른다. 움직임도 멈춘다. 하나둘씩 자리에 앉아버린다.

나는 책임감 강한 직원들과 밤새도록 포장을 계속했지만, 물류 사고를 막을 수는 없었다.

주문 건수가 적을 때는 혼자서 전 과정을 수행하는 것이 좋다.

주문표에 '킹크랩 3마리', '하나사키 2마리'라고 적혀 있다고 치자.

이 경우, 혼자서 상품을 선별하고, 포장하고, 송장을 붙여서 출하장에

올려놓는다.

그렇다면 주문량이 많아지면 어떻게 될까?

설령 아르바이트를 늘리고, 같은 방식으로 작업해도 잘되지 않는다.

아르바이트는 어느 것이 킹크랩인지, 어느 것이 하나사키인지 잘 모르기

때문이다.

실제로 주문이 급증했을 때, 임시 아르바이트를 투입한 적이 있다.

그들은 게의 종류를 몰라서 그 자리에서 서성이고 있었다.

베테랑 아르바이트는 "이 사람들은 일을 할 줄 모른다"며 화를 냈지만,

그럴만도 하다.

그래서 나는 업무의 방식을 바꿨다.

주문 건수가 많을 경우, 작업공정을 나누어 분업화한다. 작업 난이도에

따라 사람을 배치한다. 앞서 언급했던 공정을 다음과 같이 분해했다.

① 주문표 인쇄하기

② 주문표에 적힌 상품 선별하기

③ 선별된 상품을 박스 포장하기

④ 송장을 붙여 출하장에 놓기

①, ③, ④는 누구나 쉽게 할 수 있는 일이다. ②는 게의 종류를 알아야만 할 수 있는 일이다.

그래서 ②에 경력자를 집중 배치하고, ①, ③, ④에 임시 아르바이트를 배치한다. 갑자기 주문이 많아지면 주문표만 인쇄하는 사람, 상품 선별만 하는 사람, 박스 포장만 하는 사람, 포장된 상품만 옮기는 사람으로 나누는 것이 효율적이다.

일에는 경험이 없어도 쉽게 할 수 있는 것, 경험이 없으면 할 수 없는 것이 있다. 거기에 착안하여 인원을 배치한 것이다.

셀 방식과 컨베이어벨트 방식의 장점과 단점

이 사고방식은 다양한 업무 개선에 적용될 수 있었다.

내가 창업할 당시에는 인터넷 쇼핑몰 경험자가 거의 없던 시절이었다.

애초에 인터넷으로 물건을 사는 사람이 없으니, 인터넷으로 물건을 파는

사람은 더더욱 없다. 채용을 해도 경력자는 없다. 그래서 **경험이 없는**

사람도 성과를 낼 수 있는 조직을 만드는 것을 생각했다.

Ⓐ, Ⓑ, Ⓒ, Ⓓ의 4가지 부품으로 제품을 조립하는 작업이 있다고 하자.

이때, 방법은 두 가지가 있다.

하나는 그림 38에서 보여주는 **셀 방식**이다.

한 사람이 4개의 공정을 모두 맡아 제품을 만드는 방식이다. 이 경우,

개개인의 재량권이 커지고, 업무에 대한 동기부여와 책임감이 높아진다.

동시에 숙련도도 크게 향상되어 현장의 활성화로 이어진다.

반면에 작업자가 여러 기술을 높은 수준으로 습득해야 하기 때문에

교육에 시간과 비용이 많이 든다. Ⓐ, Ⓑ, Ⓒ를 조립하는 3개 공정을

잘해도 Ⓓ 공정이 서투르면 작업의 품질이 떨어진다.

다른 하나는 그림 39에서 보여주는 **컨베이어벨트 방식**이다.

4개 공정의 작업 내용을 분석하여 각각 숙련자에게 적합한 작업인지,

신입사원도 할 수 있는 작업인지 생각한다.

또한, 각 공정에서 요구되는 능력과 기술을 고려한다. 적임자를

그림 38 셀 방식의 구조

Ⓐ·Ⓑ·Ⓒ·Ⓓ의 4개 부품을 조립하는 작업이 있을 경우

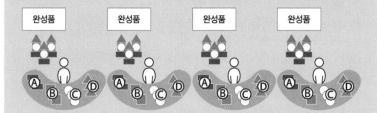

> ### [셀 방식] 한 사람이 책임지고 만든다
>
> - 혼자서 4가지 공정을 할 수 있어야 전력이 된다 → 전력화가 늦어진다
> - Ⓐ, Ⓑ, Ⓒ 공정을 잘하더라도 Ⓓ 공정을 잘하지 못하면 전체 품질이 떨어진다

그림 39 컨베이어벨트 방식의 구조

Ⓐ · Ⓑ · ⓒ · Ⓓ의 4개 부품을 조립하는 작업이 있는 경우

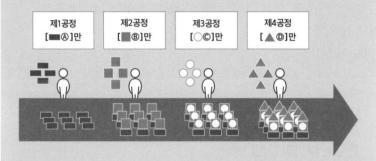

| 제1공정 | 제2공정 | 제3공정 | 제4공정 |
| [■Ⓐ]만 | [■Ⓑ]만 | [○ⓒ]만 | [▲Ⓓ]만 |

【컨베이어벨트 방식】 공정별로 담당자를 나누어 분업화한다

- 4개 공정 중 1개 공정만 할 수 있으면 전력이 된다 → 전력화가 빠르다
- 각자가 가장 잘하는 공정에 특화함으로써 전체 품질이 높아진다

적재적소에 배치하고, 맡은 자리에 특화해서 일하게 한다.

이 방식의 장점은 각 인원이 수행하는 공정의 범위가 좁기 때문에 **교육에 시간과 비용을 줄일 수 있다.** 4개 공정 중 하나만 잘하면 되기 때문에 **전력화가 빠르다.** 또한, 한 공정에 특화하면 채용도 용이하다. 각자가 잘하는 일에 특화하면 전체 품질도 높아진다.

반면에 국소적인 작업이 되기 때문에 장기적으로 봤을 때 작업자의 숙련도 향상을 기대하기 어렵다. 단순 작업에 치우치기 쉬워 업무에 대한 의욕이 떨어지기 쉽다는 단점도 있다.

종합직 중심 조직과 일반직 중심 조직은 만드는 방법이 다르다

셀 방식, 컨베이어벨트 방식의 생각은 다양한 업무에 응용할 수 있다.

애초에 **종합직 중심 조직과 일반직 중심 조직의 경우는 목적이나 만드는 방법이 다르다.**

종합직 중심 조직의 경우, 회사와 개인의 성장, 보람을 목적으로 한다. 개개인의 강점과 약점을 파악하여 어떤 일을 누가 할 것인지를 결정한다. 개인의 개성을 중시하고, 구성원이 바뀌면 조합도 바뀐다.

이 경우의 장점은 각자 잘하는 일에 집중할 수 있기 때문에 전반적인 성과가 향상된다는 것이다. 본인도 일이 즐겁다.

단점은 업무가 세분화되어 본인이 의식하지 않으면 전체를 이해할 수 없다는 것이다. 스페셜리스트는 성장하기 쉽지만, 제너럴리스트는 성장하기 어렵다. 잘하는 일만 하다 보니, 부족한 부분을 극복하지 못해 성장에 불균형이 생긴다.

특히, 신입사원에 대한 배려가 필요하다. 신입사원이라도 어떤 분야에 뛰어난 능력을 가지고 있으면 바로 활약할 수 있다.

다만, 다른 업무에 대해서도 기초적인 부분은 습득할 수 있도록 교육이 필요하다. 자신이 만드는 상품, 자신이 판매하는 상품이 어떻게 고객에게 전달되는지, 고객이 어떻게 생각하는지 등을 이해하게 한다. 거래처와 물류도 경험하고, 전체 업무의 흐름, 자신이 어떤 부분을 담당하고 있는지 생각하게 한다.

일반직 및 아르바이트가 중심인 조직의 경우, 업무를 목적 베이스가 아닌 작업 베이스로 세분화한다. 주로 다음 3가지로 나눈다.

① 입사 3일 만에 할 수 있는 작업

② 어느 정도 알고 있어야 할 수 있는 작업

③ 잘하는 것과 못하는 것이 분명한 작업(사무 처리 능력, 글쓰기 능력,

　커뮤니케이션 능력 등)

이렇게 나누어 흐름을 짜는 것이 좋다. 장점은 하나하나의 작업은

간단하기 때문에 업무량이 급증했을 때, 인원만 늘리면 대응할 수

있다는 점이다. 구성원이 그만두어도 쉽게 대체할 수 있다.

고객부서의
업무 개선 사례

구체적으로 우리 회사의 개선 사례를 공유하겠다.

우리 회사의 고객부서 업무는 매우 다양했다. 주문 처리, 전화 대응,

이메일 회신, 변경 처리, 해약 처리, 건강 및 미용 상담 등이었다.

따라서 업무에 필요한 스킬이 많아 직원들의 역량 강화에 시간이 오래

걸리는 것이 고민의 시작이었다.

전화 대응을 위한 커뮤니케이션 능력, 이메일 회신을 위한 문장력,

변경이나 해약 처리를 확실하게 하는 사무 처리 능력, 건강 및 미용
상담에 답하는 관련 지식 등을 갖춰야 했다.

주문이 늘어나면 대응 인원도 늘려야 한다.

신규 채용한 사람이 모든 업무를 익혀서 전력이 되기까지 1년 반 정도가
걸렸다. 이것으로는 주문을 늘릴 수 없다. 성수기의 게 출하와 비슷한
현상이 일어났다.

나는 업무의 구조를 다시 생각했다.

애초의 고객부서의 모든 일을 혼자서 다 하는 것은 불가능하다.

예를 들어, 전화 대응은 잘하지만 이메일 회신에는 서투른 사람, 반대로
이메일로는 이해하기 쉬운 문장을 쓸 수 있지만 전화로는 말을 잘못하는
사람도 있었다. 사람마다 장단점이 있다. 담당자에 따라 서비스의 질이
달라진다. 혼자서 모든 일을 하면 실수가 많이 발생한다.

따라서 다음과 같이 고객부서의 업무를 작업 베이스로 분류하고, 각
업무에 적합한 능력을 갖춘 사람들을 배치했다(그림 40).

그림 40 고객부서 비포 앤 애프터

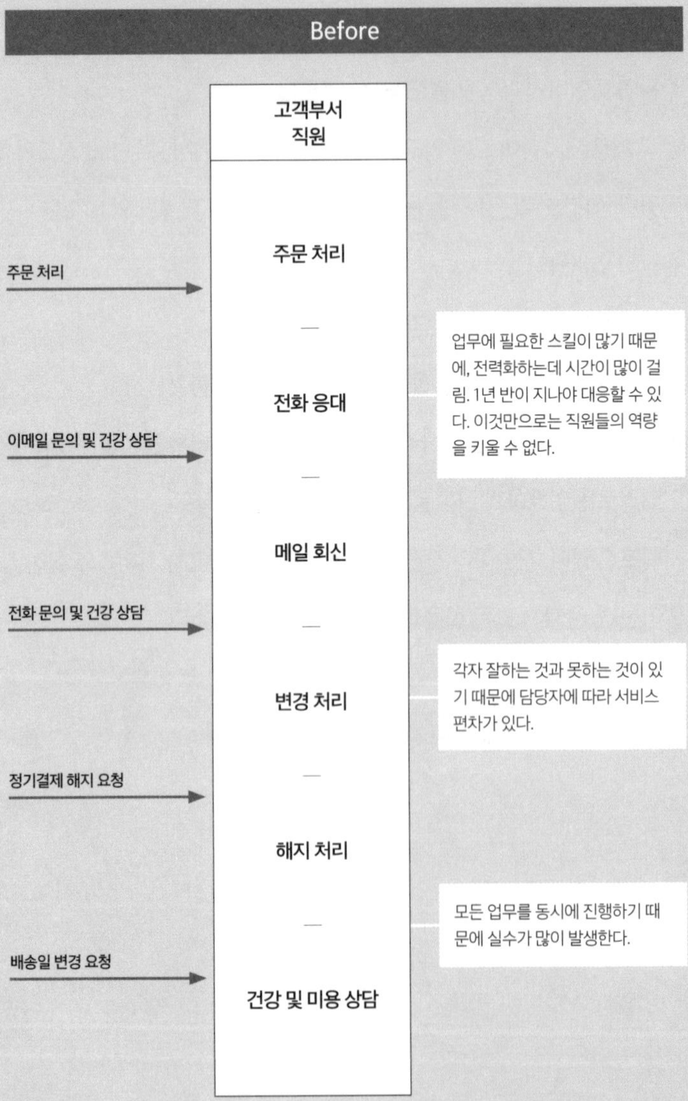

Before

고객부서
직원

주문 처리 → **주문 처리**

—

전화 응대

업무에 필요한 스킬이 많기 때문에, 전력화하는데 시간이 많이 걸림. 1년 반이 지나야 대응할 수 있다. 이것만으로는 직원들의 역량을 키울 수 없다.

이메일 문의 및 건강 상담 →

—

메일 회신

전화 문의 및 건강 상담 →

—

변경 처리

각자 잘하는 것과 못하는 것이 있기 때문에 담당자에 따라 서비스 편차가 있다.

정기결제 해지 요청 →

—

해지 처리

모든 업무를 동시에 진행하기 때문에 실수가 많이 발생한다.

배송일 변경 요청 →

—

건강 및 미용 상담

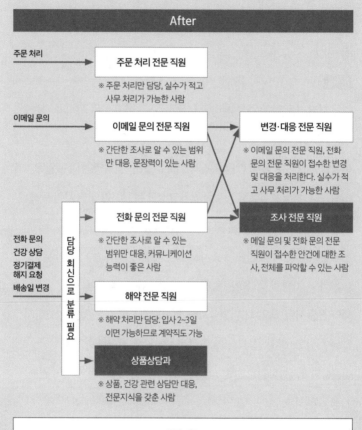

주문 처리 → **주문 처리 전문 직원**
※ 주문 처리만 담당, 실수가 적고 사무 처리가 가능한 사람

이메일 문의 → **이메일 문의 전문 직원**
※ 간단한 조사로 알 수 있는 범위만 대응, 문장력이 있는 사람

변경·대응 전문 직원
※ 이메일 문의 전문 직원, 전화 문의 전문 직원이 접수한 변경 및 대응을 처리한다. 실수가 적고 사무 처리가 가능한 사람

전화 문의 전문 직원
※ 간단한 조사로 알 수 있는 범위만 대응, 커뮤니케이션 능력이 좋은 사람

조사 전문 직원
※ 메일 문의 및 전화 문의 전문 직원이 접수한 안건에 대한 조사, 전체를 파악할 수 있는 사람

전화 문의
건강 상담
정기결제
해지 요청
배송일 변경

담당 회신으로 분류 필요

해약 전문 직원
※ 해약 처리만 담당. 입사 2~3일이면 가능하므로 계약직도 가능

상품상담과
※ 상품, 건강 관련 상담만 대응, 전문지식을 갖춘 사람

【결과】

• 상품상담과, 조사 전문 직원 외에는 고도의 지식, 기술, 경험이 없어도 즉시 전력이 되기 때문에 충원 대응이 용이함(입사 1주일 만에 전력이 됨). 조사 전문 직원을 충원할 때도 다른 부서에서 경력을 쌓은 사람을 키우면 전력화가 빠름

• 상품상담과의 서비스 수준이 크게 향상됨

• 모두가 잘하는 것에 특화하여 같은 업무량을 적은 인원, 짧은 시간에 처리할 수 있게됨

고객부서 직원: 주문 처리, 전화 대응, 메일 회신, 변경 처리, 해지 처리, 건강 및 미용 상담 등.

주문 처리 전문 직원: 주문 처리만 담당. 실수가 적고 사무 처리가 가능한 사람 배치.

이메일 문의 전문 직원: 간단한 조사로 알 수 있는 범위의 문의 메일에 대응한다. 채용시험에서 문장력을 체크하고 문장력이 좋은 사람을 배치. 한편 커뮤니케이션 능력은 요구하지 않는다.

전화 문의 전문 직원: 간단한 조사로 알 수 있는 범위의 문의 전화에 대응한다. 사람과 대화하는 것을 싫어하지 않는 사람을 배치.

해약 전문 직원: 해약 처리만 실시한다. 사람과 대화하는 것을 싫어하지 않는 사람을 배치. 입사 2~3일이면 가능하므로 계약직도 가능.

상품상담과: 상품, 건강 관련 상담만 대응. 영양사 등 전문 지식이 있는 사람을 배치.

변경·대응 전문 직원: 이메일 및 전화 문의 전문 직원이 접수한 변경 및 대응을 처리. 실수가 적고 사무 처리가 가능한 사람을 배치.

조사 전문 직원: 이메일 및 전화 문의 전문 직원이 접수한 안건에 대한

조사를 수행한다. 전체를 파악하지 않으면 할 수 없다.

신입사원도 입사 1주일 만에
즉시 전력화시키는 방법

분류해보면 상품상담과와 조사 전문 직원은 고도의 지식 및 기술 그리고
경험이 필요하다.

그 이외는 **신입사원이라도 입사 일주일 만에 전력화**할 수 있다. 충원도
쉽다.

조사 전문 인력을 충원할 때도 처음부터 키우지 않고, 다른 부서에서
경험한 사람을 옮기면 전력화가 빠르다.

이로 인해 **상품상담과의 서비스 수준을 현격히 향상되었다.**

이전의 고객 대응은 사람마다 상품과 건강에 대한 지식이
천차만별이었다. 따라서 누가 대응하느냐에 따라 서비스 품질의 차이가
있었다.

그래서 **관리영양사 등 전문가를 채용**하여 고객만족도를 높였다. **모두가
잘하는 일에 특화되어 같은 업무량을 적은 인원, 짧은 시간**에 해낼 수 있게
되었다.

작업 베이스의 조직 구성은 다른 부서에서도 하고 있다.

시스템 부문에서는 '프로그래밍을 할 수 있지만, 에러 점검에 실수가 잦은 사람'이 많았다. 그래서 기존 멤버들은 프로그래밍에 전념하게 하고, 프로그래밍은 부족하지만 에러 점검을 잘하는 사람을 채용해 '점검과'를 만들었다.

광고 부문의 작업은 광고 제작, 배너 제작, 웹페이지 제작 등이 있다. 각각 요구되는 능력이 다르다.

광고 제작은 카피라이팅 등에서 눈에 띄는 문장을 생각해낼 수 있어야 하고, 웹페이지 제작은 사람을 설득할 수 있는 문장력이 필요하다.

게다가 웹페이지 제작에는 '시선을 끄는 카피라이팅을 잘하지만 디자인에 서툰', '눈에 띄는 디자인은 할 수 있지만 문장력이 서툰' 사람들이 있어 '라이팅디렉션팀'과 '디자인팀'으로 나누었다.

중요한 것은 **목적 베이스가 아니라 작업 베이스로 조직을 구성**하는 것이다.

목적 베이스로 구성되는 것은 임원 레벨에서 가능하다.

우수한 인재가 지원하는 회사를 만드는 성장의 나선

나는 창업부터 지금까지 **적정 인원수와 적정 업무량**을 항상 고민해왔다. 적정 인원수란 업무량적으로 채산성이 나오는 적절한 인원의 수를 말한다.

창업 초기에는 매출도 이익도 적었기 때문에 6명이었다(그림 41).

직종을 ① 제작, ② 고객 ③ 상품 개발, ④ 시스템, ⑤ 경리, ⑥ 고객 유치 등 6개로 나누고, 한 직종을 한 사람이 도맡아 처리하고 있었다.

하지만 실제로는 고객 업무 하나만 봐도 ① 문의 메일 대응, ② 문의 전화 대응, ③ 템플릿 작성 등 각 직종에 10가지가 넘는 업무가 있었다.

각 직종에 10개씩 업무가 있다고 가정하면, 총 대응 업무 수는 60개에 달한다.

한 직종을 혼자서 처리하는 단계에서는 한 사람 한 사람에게 요구하는 능력은 10이다. 10가지 업무가 있고, 혼자서 모두 다 처리할 수 있기를 바란다. 전체 업무량은 적더라도 최소한 10가지 정도의 업무를 수행할 수 있는 만능 역량이 요구된다.

하지만 기업 규모가 작고 불안정하고 처우도 좋지 않기 때문에, 그런 만능 역량의 사람은 와주지 않는다.

대응 업무가 60개라면, 각 업무가 최적화되기 위한 적정 인원은 60명이다. 직원을 60명까지 늘려야 한다(그림 42).

각 업무마다 담당자가 한 사람씩 있는 상태이다. 한 사람이 한 종류의 업무를 맡을 수 있으면 되고, 그렇게 되면 한 사람에게 요구하는 능력은 절반 이하로 떨어진다.

반면, 회사의 규모가 커지면 우수한 인재를 채용할 수 있게 되어, 일상적인 업무는 문제없이 돌아간다. 그래서 '60명을 채용해도 이익이 나는 상태'를 목표로 해야 한다.

또한, 조직이 커져서 직원이 180명이 되면 어떨까(그림 43).

대응 업무의 수는 변하지 않기 때문에, 하나의 업무를 3명이 처리할 수 있다.

기업 규모가 커지면서 지원자의 수준도 높아진다. 하나의 업무를 3명이 담당하고 있으니, 서로 돕고 경쟁하는 시너지 효과가 생긴다. 잉여 역량이 발생하여 더 큰 성장의 원동력이 된다.

이렇게 생각해 보면, 조직을 만드는 절차를 알 수 있다.

우선, **직원에 대한 요구 능력을 낮추는 구조를 만드는 것**이다. 요구 능력이 높은 상태로 있으면 직원들이 정착하지 않는다. 요구 능력을 낮추려면

그림 41 창업 초기 6명의 경우

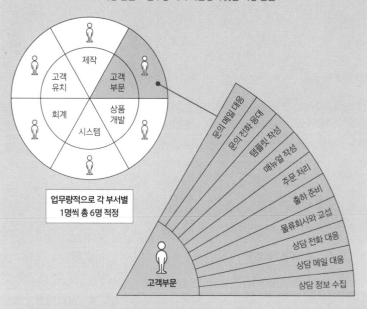

	적정 인원수	업무량
	6	60

※ 적정 인원 … 업무량 대비 채산성이 맞는 적정 인원

업무량적으로 각 부서별
1명씩 총 6명 적정

	요구 능력	지원자 수준	과부족분
수치화	10	1	-9
비고	총 업무량은 적지만 10가 지 정도의 일을 처리할 수 있는 만능 능력을 원한다	기업 규모가 작고, 불안정 하고, 처우도 좋지 않아 우수한 인재가 지원하지 않는다	기대치의 10분의 1밖에 충족시키지 못한다

그림 42 직원 60명의 경우

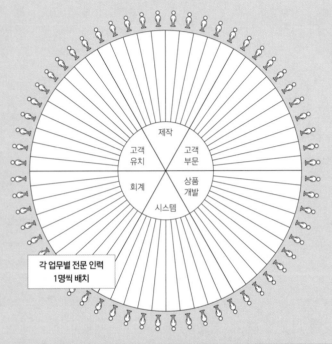

	적정 인원수	업무량
	60	60

각 업무별 전문 인력
1명씩 배치

제작
고객유치 / 고객부문
회계 / 상품개발
시스템

	요구 능력	지원자 수준	과부족분
수치화	10 → 5	1 → 5	-9 → 0
비고	한 사람이 하나의 업무만 처리할 수 있으면 되기 때문에 훨씬 쉬워진다	기업 규모가 커질수록 지원자의 수준이 높아진다	일상 업무가 문제없이 돌아가는 상태다

그림 43 직원 180명의 경우

적정 인원수	업무량
180	60

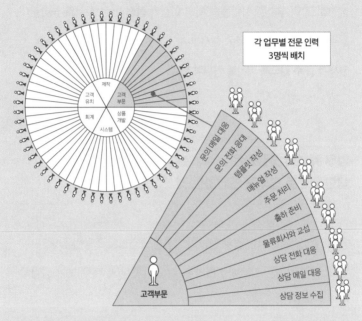

각 업무별 전문 인력
3명씩 배치

	요구 능력	지원자 수준	과부족분
수치화	10 → 5 → 1	1 → 5 → 10	-9 → 0 → 9
비고	하나의 업무를 3명이 함께 처리하기 때문에 서로 보완할 수 있다	• 기업의 규모가 커질수록 지원자의 수준은 더욱 높아진다 • 하나의 업무를 3명이 함께 처리하기 때문에 서로를 도와주면 시너지 효과가 발생한다	잉여 역량이 발생하여 더 큰 성장의 동력이 된다

매뉴얼화와 함께 1인 1업무의 상태를 목표로 어떻게든 회사를 키우는 수밖에 없다. 여기가 가장 중요한 고비다.

6명에서 60명의 시기는 버티는 수밖에 없다. 회사가 커지고, 우수한 인재가 들어오면, 조직에서 업무가 돌아가기 시작한다. 조직력으로 성장하고, 더 우수한 사람들에 의해 회사가 점점 더 큰 회사로 성장한다. 우수한 인재가 들어온다고 해서 회사가 커지는 것이 아니다. **우수한 인재가 올 수 있도록 회사를 키워야 한다.**

업무 개선의 첫걸음은
새의 눈으로 업무를 조망하는 것

업무 개선을 위해서는 업무 전반의 흐름을 조감도로 조망할 필요가 있다. 객관적인 눈으로 보면 쉽게 알 수 있기 때문에, 제3자에게 점검을 받는 것도 좋다.

과거 우리 회사의 베테랑 직원이 여러 가지 사정으로 퇴사하게 되면서, 그 직원의 업무를 어떻게 인수인계할 것인가를 고민한 적이 있었다. 그 직원에게는 '경험이 없으면 판단할 수 없는 업무'가 집중되어 있어, 경험이 부족한 직원이 인수인계하기 어려워 보였다.

어쩔 수 없이 일단 내가 그 직원의 업무를 맡게 되었다. 그 직원의 업무를 맡아 처리하다 보니, 경험에 따라 케이스 바이 케이스로 판단하던 업무도 사실 거의 패턴화되어 있다는 것을 알게 되었다.

그래서 해당 직원이 담당하던 업무를 모두 파악하여 매뉴얼화 하니 **아르바이트도 할 수 있는 일**이 되었다. 매뉴얼을 만들지 않았기 때문에 베테랑 직원의 경험에 기반한 판단이 필요했던 것이지, 매뉴얼을 만들었다면 사실 누구나 할 수 있는 일이었다. 베테랑 직원의 풍부한 경험을 매뉴얼로 만들지 않아 낭비되고 있었던 것이 매우 안타까웠다.

이처럼 베테랑 직원만 할 수 있을 것 같은 업무도 **객관적으로 검토할 수 있는 기회를 만들면, 매뉴얼화 하여 누구나 할 수 있는 업무로 전환**할 수 있는 가능성이 있다.

5단계 이익관리의 **ABC이익률에 주목하면 '여기에 문제가 있는 것 아니냐'고 숫자가 알려준다.**

상품별로 이익관리를 하다 보면, 매출은 높고 판촉비도 들지 않는데, **ABC가 높아서 이익이 나지 않는 경우**가 있다. 이는 직원들의 업무량 투입이 너무 많기 때문에 이 부분을 업무적으로 개선할 필요가 있다는 것이다.

직원을 바꾸려고 하지 마라!
일을 바꾸자!

업무가 원활하게 진행되지 않을 때, 관리자는 담당자의 능력 탓으로

돌리기 쉽다.

하지만 실제로는 '이대로 괜찮은가'를 고민하는 것이 해결의 지름길이다.

나는 신입 관리자에게 **"자기 자신은 바꿀 수 있지만, 다른 사람을 바꿀 수는**

없다"라고 이야기한다.

관리자가 되면 직원에게 일을 맡긴다. 예를 들어, 채용 업무를 담당하던

관리자가 그 업무를 직원에게 넘겼다고 가정해 보자.

직원이 좀처럼 일을 잘하지 못하면 "언제까지 할거냐?", "변하지

않는다"며 짜증을 낸다.

이럴 때, 나는 이런 이야기를 한다.

"당신은 성장했지만, 내가 변화시켜서 성장한 것은 아니지 않습니까?

스스로 성장했다고 생각하지요?"

사람은 자신의 의지로만 변할 수 있다.

사람이 극적으로 변하는 것은 10년에 한 번 정도이다. 보통은 20년에 한

번 정도이다.

그 극적인 변화가 올해 일어날 확률은 10분의 1, 20분의 1 정도일

것이다. 그런 **10분의 1의 확률로 일을 한다는 것은 이상한 일이다.**

'사람은 변하지 않는다'는 전제하에 일의 구조를 생각해야 한다.

한 사람이 다 하려고 해도 안 된다면, 그 사람이 **잘할 수 있는 일만 할 수 있는 구조**로 만들어야 한다.

직원이 바뀌는 것이 아니라, 관리자가 일을 체계화할 수 있는 능력을 갖춰야 하는 것이다.

채용 업무에는 '구인업체와의 상담', '지원자의 반응을 끌어낼 수 있는 구인광고 만들기', '지원자 설명회', '지원 서류 검토', '면접을 통해 지원자 능력 파악' 등 많은 실무가 있지만, 각각 업무에 요구되는 능력은 다르다.

이를 한 사람에게 맡기지 말고, 각각의 업무로 나눠서 적합한 사람에게 배분하는 것이다.

항상 업무를 조망하고, 일의 구조를 재구성할 수 있는 능력이 관리자에게 요구된다.

2

우수한 인재를
알아보는 법

말하지 않는 서비스업 구인광고에 대한
의외의 반응

작업 베이스로 업무를 분류하기 시작한 것은 2010년 무렵이었다.

앞서 말했듯이, 고객부문 업무가 한 사람의 몫을 하기까지 시간이 오래

걸리는 것이 고민의 시작이었다.

개개인의 업무 모습을 보면, 전화 응대는 잘하지만 이메일 대응을

잘못하는 직원이 있었다. 전화 통화를 할 때는 친절하게 잘 대응하고 있었지만, 전달할 내용을 정리하여 이메일을 작성하는 데 시간이 걸렸다. 반면, 이해하기 쉽게 이메일을 잘 쓰지만 전화를 할 때면 늘 긴장하고 예상치 못한 질문을 받으면 당황하는 사람도 있었다.

그래서 고객부문 업무를 분류하고, 필요한 역량을 가진 사람을 모집하기로 했다.

이메일 대응 직원은 **'말하지 않는 서비스업'**이라는 카피로 바꿔서 구인광고를 내봤다.

'고객을 직접 만나지 않아도 되고, 전화도 하지 않는 고객 응대 직원입니다'라는 구인광고에 예상보다 많은 지원자가 몰려 우수한 인재를 채용할 수 있었다.

정보를 정리해서 상대방에게 전달할 수 있도록 구성하는 능력이 필요하기 때문에, 채용시험에서는 **'이런 문제가 발생했습니다. 이에 대한 사과 메일을 써주세요'**라는 과제를 냈다. 채용된 사람들은 문장력이 좋기 때문에, 지금은 일반직 직원들의 문장을 체크해 줄 정도이다.

상품상담과는 건강 및 미용 상담이 주업무이기 때문에 영양사, 코스메틱 컨시어지 등의 자격증을 가진 사람을 채용했다.

주문 처리 전문 직원, 변경 및 대응 전문 직원 등은 사무 처리 능력의 정확성이 요구된다. 자체적으로 부주의한 실수 점검 테스트를 만들어서 성적이 우수한 사람을 채용했다.

예를 들어, 좌우로 늘어선 알파벳과 숫자 사이에서 무작위 문자열을 찾는 것과 같은 과제를 제시한다. 여기서 주의력을 시험하고 있다.

IQ 130의 인재를
채용하는 방법

업무가 디지털화됨에 따라 채용은 예전보다 훨씬 더 중요해졌다.

디지털 세상에서 열심히 일하려는 사람은 구태의연한 대기업에서 일하고 싶어 하지 않는다.

자신이 활약할 무대를 찾아 우리와 같은 기업에 온다.

그래서 나는 그 기대에 부응하고 싶었다.

우리 회사에는 광고 운영을 전문적으로 하는 직종이 있다. 각 광고매체가 자체적으로 가지고 있는 인공지능의 알고리즘을 읽어내고, 광고 운영을 우리 회사에 맞게 최적화한다. 말하자면 **'인공지능에게**

지시를 내리는 사람'이다. 인공지능의 알고리즘을 이해하고 애드테크놀로지를 잘 활용하면, 타겟에게 정확하게 어필할 수 있기 때문에 불필요한 광고 집행을 극도로 줄일 수 있다.

이 직종에 적합한 사람은 수학적 알고리즘에 능숙한 사람이다. 광고가 전달되는 알고리즘을 이해하고 거기에 맞춰 우리의 광고 집행을 튜닝한다.

알고리즘 분석을 잘하는 사람을 뽑을 때, 나는 나열된 숫자나 도형에서 법칙성을 찾아내는 **IQ 테스트**에 주목했다.

데이터에서 법칙을 찾아내어 튜닝하는 업무와 비슷하다고 생각하여, 사내 광고 운영 담당자들에게 테스트해보니 평균 IQ가 134였다.

이 정도 수준의 사람을 어떻게 채용할 수 있을까?

일반적으로 IQ가 20 정도 차이가 나면 대화가 잘 안 통한다고 한다.

IQ 130인 사람은 일반인과 대화가 잘 안 통한다. 아마 지금까지 살면서 힘들다고 느꼈던 적이 있을 것이다.

그래서 용기 내어 한 번은 **'IQ 130의 동료가 있습니다'**라는 구인광고를 내봤다.

그랬더니 우수한 사람들이 모여들었다. IQ 테스트를 하고 면접을 통해 우수한 인력을 채용할 수 있었다.

이처럼 어떤 직종에 어떤 역량이 필요한지를 생각한 다음, 그 역량을

가진 사람을 어떻게 채용할 것인가를 고민한다. 테스트는 자체

개발하기도 하고, 외부 테스트를 활용하기도 한다.

일에 대한 가치관이 다양하다는 것을 깨달은
창고 아르바이트

사실, 특산품 인터넷 쇼핑몰을 시작하기 전에 다른 사업으로 창업을

꿈꿨던 적이 있다. 하지만 그것은 잘되지 않았고, 지갑은 금새 텅

비어버렸다.

밥을 먹을 수 없었다. 어쨌든 일을 해야만 했다. 하지만 창업을 준비하기

위해 생각하는 뇌의 체력은 보존하고 싶었다. 그래서 선택한 것이

창고에서의 아르바이트였다.

그곳은 한 의류회사의 창고였다.

6개월에 한 번씩 대량으로 상품이 입고되어, 영업사원의 지시에 따라

포장하여 백화점 등으로 보내고 반품이 있으면 처리하는 일이었다.

낮에는 창고에서 아르바이트를 하고, 밤에는 인터넷 쇼핑몰 창업을

준비했다.

아르바이트 동료들은 모두 좋은 사람들이었다.

하지만 일에 대한 가치관이 나와는 다른 사람들이 있었다.

당시 나는 '일에 대한 가치관이 평범하다'라고 생각했다.

'좋은 대학을 나와서 리크루트라는 대기업에 입사하여, 중상위권 정도의

세상에서 살고 있다'

하지만 그 감각이 결코 평범하지 않다는 것을 깨닫게 되었다.

아르바이트를 하는 곳에는 25살까지 단 한 번도 정규직으로 일한 적이

없는 사람이 있었다.

고등학교를 졸업할 때까지 취업에 대해 생각해 보지 않았고, 졸업

후에나 '이제 어떻게 해야 할지 고민했다'고 한다.

"그럼 취직하지 않을거야?"

"미래에는 취업할 생각입니다"

나는 속으로 '25살이면 이제 미래가 아니지 않나'라고 생각했다.

또, 머리 회전이 매우 빠른 19살 여성도 있었다.

창고는 오사카 중심부에서 조금 떨어진 곳에 있었기 때문에

"당신은 오사카 중심부에서도 일할 수 있는 능력이 있는데, 왜 여기서

일하나요? 중심부로 가면 더 높은 급여를 줄 텐데"

"자전거로 출퇴근할 수 없으니까요"

나는 깜짝 놀랐다. 그리고 그녀는 이렇게 말했다.

"기노시타 씨는 고베 출신인데, 왜 오사카의 대학에 갔어요? 그렇게 먼

대학에 간다는 게 무슨 의미인지 모르겠어요"

그 여성은 자신의 집 근처에서 일하는 것이 당연하다고 생각했다.

이런 상황을 겪으면서 나는 내가 지금까지 좁은 가치관 속에서

살아왔음을 느꼈다.

각자 가치관은 전혀 다르지만, 모두 좋은 사람들이고 모두 행복하게

보였다.

일하는 방식은 사람마다 다르다. 자신이 행복을 느낄 수 있는 것이 가장

좋은 것이다.

월급 12만 원보다
무료 점심이 더 와닿는 사람들

이 경험은 지금도 채용에 큰 도움이 되고 있다.

사무직, 영업직, 아르바이트 등을 채용할 때, **각각의 가치관에 맞는**

구인광고를 만들고 있다.

보통 구인광고를 만드는 사람들은 일반 사무직으로 근무하는 사람들이 많다. 자신의 가치관으로 구인광고를 만들기 때문에 "커리어를 쌓을 수 있다"라는 식의 카피를 주로 쓴다.

하지만 아르바이트를 하려는 사람들은 커리어를 쌓고 싶은 생각이 많지 않아 이런 식의 카피에 눈을 주지 않는다.

반면, 사무직 직원을 채용할 때 '4대 보험 가입 완료'라는 문구는 좀처럼 쓰지 않는다. 사무직의 경우 4대 보험 가입이 당연하기 때문이다. 하지만 아르바이트 채용 시에는 '4대 보험 가입'을 내세운다. 시간제 아르바이트 등 단기간 근로자도 법적으로는 조건을 충족하면 사회보험에 가입할 수 있지만 실제로는 가입하지 않는 경우가 많기 때문이다.

사무직, 영업직, 아르바이트 등 직종에 따라 회사에 요구하는 것이 다르다.

그래서 구인광고를 만들 때면 **복리후생 항목을 직종에 따라 다르게 설정한다.**

예를 들어, 사무직 채용 시에는 **"사장이 직접 가르치는 교육 시스템"**을 내세운다. 그러면 "주식시장 상장기업을 만든 사장이 직접 가르치는 비즈니스와 웹마케팅"이라는 카피에 관심을 갖고 성장하고 싶은 욕구를 가진 사람들이 응모를 한다.

아르바이트를 모집할 때는 **"근무지가 역에서 가깝다, 무료 점심 제공, 4대 보험 가입, 야근 없음"**을 내세운다. 특히, 무료 점심 제공은 삿포로에서 화제가 되기도 했다.

도쿄에서는 점심을 무료로 제공하는 회사가 늘어나고 있지만, 지방은 아직 적은 편이다. 한 번은 직원이 지인에게 회사 이름을 말했더니 "아, 그 점심을 무료로 주는 회사인가 보네"라는 말을 들었다고 한다. 코로나가 유행하기 전에는 뷔페식으로 제공했었지만, 코로나 사태 이후로는 도시락으로 바꿨다. 고기요리와 생선요리 그리고 채소와 과일 등이 포함되어 영양 균형을 잘 맞춘 식사를 제공한다. 그래서인지 점심에 '맛있고 따뜻한 밥을 공짜로 먹을 수 있다'라는 직원들의 호평이 이어지고 있다.

점심 한 끼에 6,000원 정도이니 20영업일 기준으로 월 12만 원 정도이다. **월급이 12만 원 더 많은 것보다 '무료 점심'이 더 와닿는 사람도 있다.**

나는 창고 아르바이트로 만난 사람들의 이야기를 들으며, 여러 가지를 배울 수 있었다.

사람의 가치관은 시대에 따라 변하기 때문에 항상 경청하는 것이 중요하다. 그래서 나는 사무직, 영업직, 아르바이트생에게 구인광고의 문구를 보고 어떤 부분에 흥미를 느끼는지 항상 물어보는 편이다.

직원과 회사의 이념을
공유한다

GOOD&NEW의 효과는
무엇인가?

창업한 지 얼마 되지 않아, 아침 조회에 **'GOOD&NEW'**와

'우리의 신조'를 도입하기로 했다.

당시 인원은 나와 아르바이트생 3명, 총 4명뿐이었다.

'GOOD&NEW'는 24시간 이내에 일어난 '좋았던 일(GOOD)'이나 '새로운

발견(NEW)'을 한 사람당 1분씩 이야기하고 모두 공유하며 박수를 치는
방식이었다.

조직과 팀의 활성화, 아이스 브레이크 등을 목적으로 미국의 교육학자
피터 클라인이 개발한 것으로 이를 도입한 데는 이유가 있었다.

매일 아침 네 명이서 회의를 하는데, 나와 A씨, 나와 B씨, 나와 C씨라는
'사장과 각 아르바이트생'의 일대일 관계가 되다 보니, 개인적으로 직접
지시한 업무는 제대로 하지만 전체에 지시한 내용에는 관심이 적고,
자신 이외의 다른 사람에 대한 지시는 듣지 않는 문제가 있었다.
예를 들어 "오늘은 이런 주문이 들어올 테니 조심하세요"라고 말해도
"못 들었어요"라고 말한다.
"오늘 아침이 모두 같이 있을 때 이야기했어요. A씨도 계셨죠?"
"네, 있었습니다"
"그런데 저와는 상관없다고 생각해서 듣지 못했습니다"
이런 광경이 일상적으로 벌어지고 있었다.

'GOOD&NEW'의 절차는 다음과 같다.

> 1. 3~5명씩 그룹을 짓는다.
>
> 2. 야구공 같이 손에 잡을 수 있는 물건을 한 사람이 잡는다.
>
> 3. 공을 들고 있는 사람이 말한다.
>
> 4. 말을 마치면 말하는 사람이 아닌 다른 사람이 박수를 친다.
>
> 5. 말하지 않은 사람에게 공을 건네준다.
>
> 6. 모두가 말할 때까지 반복한다.
>
> 7. 마지막 사람이 "오늘도 잘 부탁합니다!"라고 말하며 끝낸다.

'GOOD&NEW'를 시작하고 3일 정도 지나자 사내 분위기가 달라졌다.

그때까지만 해도 다른 동료에 대한 관심이 적었는데, **'GOOD&NEW'로**

정보를 공유하면서 서로를 동료로 인식하기 시작했다. 지금까지는 내가

시키는 일만 하던 아르바이트생들이 서로 대화를 나누기 시작했다.

"A씨, 이 상품 어떻게 된 거죠?"

"그거는 오늘 낮에 배송될 거에요"

등처럼 질문과 확인을 할 수 있게 되면서 분위기가 확 바뀌었다.

나는 이를 통해 직원들이 서로 소통할 수 있는 장치를 회사가 준비해야

한다는 것을 깨달았다.

'GOOD&NEW'에는 **'아무 일도 없었던 날에도 좋은 면을 찾는 습관을**

기르자'라는 목적도 있었다.

우리 회사의 경우, **24시간 이내에 일어난 재미있었던 일을 공유하는 소재 싸움**처럼 되어 있었지만, 직원들 간의 유대감이 강해졌다.

지금도 아침 조회 시간에 전 직원이 6~7명씩 팀을 이루어 'GOOD&NEW'를 하고 있다. 타이머를 이용해 한 사람당 1분씩 이야기하고, 모두가 박수를 치는 방식이다.

요즘은 많은 직장에서 사람들의 이동이 유동적이다. 잘 모르는 사람, 처음 만나는 사람과 즉석에서 팀을 만들어 일을 하기도 한다. 이런 경우에 'GOOD&NEW'를 해보면 소통이 더 쉬워질 것이다.

사람을 키우는
매일 아침 30분의 습관

'GOOD&NEW'와 비슷한 시기에 '우리의 신조'도 도입했다.

우리의 신조는 '기업 활동의 근간이 되는 가치와 행동규범을 간결하게 표현한 문장'을 뜻하는 말이다. 미국의 대기업 존슨앤존슨이 고안하여 전 세계로 퍼져나갔다.

우리 회사에서는 '우리가 소중하게 여기는 가치'를 회사의 신조로 정리하고 있다.

전사 공통 항목이 18개, 부서별 항목이 2~5개씩 있다. 이를 매일 아침, 각 부서에서 1개 항목씩 읽고 해당 항목에 대한 자신의 의견과 에피소드를 한 명씩 이야기한다.

대표적인 항목으로는

"고객의 주문 한 건 한 건은 우리 입장에서 수천 건 중 한 건일지라도, 고객에게는 며칠 동안 고민한 끝에 큰 기대와 함께 신청한 정성 어린 주문입니다. 따라서 이번 주문이 그 고객에게 있어 주문하길 잘했다는 생각이 들 수 있도록 긴장의 끈을 놓지 않고 최고의 서비스로 대할 것입니다"

가 있다.

창업을 하고 처음 주문을 받았을 때

'이 사람이 어떻게 우리 사이트를 발견하고, 돈을 주고 물건을 사겠다고 생각했을까?'

라고 생각했었다. 주문에 정말 감사했다.

하지만, 하루하루 주문량이 늘어나면서 그런 마음이 점차 사라져갔다.

그러다, 고객으로부터 클레임이 발생했을 때

'1,000명의 고객 중 한 명이 불만을 제기한 것뿐이다. 0.1퍼센트니까 문제되지 않는다'

라고 생각하게 된다. 하지만 **그것은 절대로 아니다.**

우리가 보기에는 0.1퍼센트지만, 고객의 입장에서는 100퍼센트다.

배송된 상품 하나에 불만이 있다면, 100퍼센트 불만족이다.

특히, 온라인 비즈니스에서는 고객과 직접 대면하지 않기 때문에

이 같은 사실을 잊어버리기 쉽다.

사람은 같은 내용을 6번 들으면 이해한다

고객 한 사람 한 사람과의 관계를 소중하게 여기는 것을 확인하기 위해

'우리의 신조'가 있다.

우리의 신조는 회사의 경영이념을 전파하는 데도 효과적이다.

리크루트에서 기업교육을 담당할 때 "경영이념이 직원들에게 전달되지

않는다"는 경영자들의 고충을 많이 들었다.

이미 언어화된 경영이념은 아무리 봐도 잘 와닿지 않는다. 언어로

정리되기까지 어떤 경영이념이 좋을지 고민하고 정리하는 과정에

의미가 있다.

그래서 전 직원이 다시 한번 회사의 경영이념을 만든다. 그러면, 그

과정에 참여한 사람들은 경영이념을 납득하게 된다. 하지만 그 이후에 입사한 사람들에게는 다시 남의 일일 뿐이다.

경영이념을 전파하기 위한 좋은 방법을 찾던 중에 알게 된 것이 '우리의 신조'였다.

사람은 같은 시간에 같은 내용을 6번 들으면 이해한다고 한다. 우리 회사의 경우 '우리의 신조'가 20개 항목이기 때문에 한 달(20영업일)에 '우리의 신조' 모든 항목이 한 바퀴를 돌게 된다. 그걸 6개월 동안 하다 보면 같은 내용을 6번 듣게 되고 '우리의 신조'가 몸에 배게 된다.

매일 아침 귀중한 30분의 시간을 '우리의 신조'와 'GOOD&NEW'에 투자한다.

이는 상당한 인건비를 사용하는 것이지만, 그만한 효과를 체감하고 있다.

조직 전체에 비용 의식을
심어주는 비용 절감 캠페인

월 1,500만 원, 연 1억 8,000만 원의
비용을 절감한 비법

이익을 내기 위해서는 매출을 올리는 것보다 비용을 줄이는 것이 더
빠르다.

우리 회사는 원래 비용 의식이 높은 편이라 생각하지만, 어떤 일을
시작하면서 단숨에 비용 의식이 한 단계 높아졌다.

그것은 바로 **'비용 절감 캠페인'**이다.

1년에 한 번, 관리자 7~8명이 모여 '비용 절감 위원회'를 구성하고, **성역 없이 비용 절감을 논의**한다.

5단계 이익관리의 비용 항목으로 보면 **원가, 주문연동비, 판촉비, ABC, 운영비 등 5가지가 모두 대상**이다.

우리 회사는 매출 1,000억 원에 이익은 290억 원이다. 즉, 710억 원의 지출이 있는 셈이다.

연간 710억 원의 각종 경비를 지출하고 있다. 그래서 1년에 한 번씩, 모든 비용을 하나하나 검토하고 있다. 관리자들이 지출 대장을 검토하여 줄일 수 있는 비용을 나열한다.

예를 들어, 물류 부문에서는 한 달에 약 15만 건의 상품을 배송하고 있다. 한 건 한 건의 포장물에는 납품서, 정기 구매 안내서, 상품설명서 등 다양한 것들이 동봉되고 있다. 1장당 100원짜리 동봉물이 두 종류가 있을 때, 이를 합하여 한 장으로 만들면 1건당 100원의 **주문연동비**를 절감할 수 있다. 이때 사전에 '합치면 문제가 없는지'를 논의한다. 무리한 비용 절감이 목적이 아니다. **비용이 이익으로 연결되는지**를 생각하는 것이 중요하다. 한 장에 100원짜리 동봉물을 넣는 가치를 다양한 각도에서 시뮬레이션 해보면서 치열하게 논의했지만,

"합치면 문제가 생길지 안 생길지는 해보지 않으면 알 수 없다"

라는 결론이 나왔다.

"이 두 장을 한 장으로 합치고, 1년 후에 문제가 있다면 되돌리자"

이로써 **월 약 1,500만 원, 연간 1억 8,000만 원 정도의 비용 절감 효과를**

거뒀다.

1년 후 문제 여부를 검증했지만, 지금까지 원상복구한 조치는 없었다.

응접실의 꽃은 20만 원 적자라는 가설을 검증하다

회사 응접실의 꽃에 대해서도 논의한 적이 있다.

꽃은 한 달에 10만 원씩 비용을 지출하고 있었다.

"왜 꽃을 두는 것일까?"

"꽃이 있으면 기분이 좋아지기 때문이겠지"

"누구의 편안함이 어떻게 회사의 이익과 연결되는 것일까?"

등을 생각한다. 그러다 보면

'채용 면접에서 응접실을 이용하기 때문에 내정자의 입사율이 높아질 수

있을 것 같다'라는 가설이 나왔다.

"몇 퍼센트 정도 오를 것 같아?"

"만약 1퍼센트 정도 오른다고 가정했을 때, 연간 채용비용은 얼마나 절감될까?"

"연간 채용비용이 약 1억 원, 내정자 입사율이 1퍼센트 상승하면 100만 원 정도 효율화될 것이다"

"이 꽃은 연간 100만 원의 가치를 제공하지만, 비용은 월 10만 원이라 연간 120만 원이다. 즉, 20만 원의 적자다"

"그럼, 이 꽃이 도움이 되는 다른 것은 없을까?"

라고 깊이 파고든다. 답은 완벽하게 알 수 없더라도 **하나하나 가설을 세우고, 투자 효과를 검증하는 습관**을 들인다.

아무 생각 없이 그냥 아무렇게나 계속하는 것이 가장 나쁜 방법이다.

10억 원의 비용을
절감하는 방법

절감된 항목을 5단계 이익관리에서 제시하는 5가지 비용에 대입하여 생각해 보자.

앞서 언급한 동봉물은 **주문연동비의 절감**으로 이어졌고, 꽃은 **운영비의**

절감으로 이어졌다.

ABC와 운영비를 동시에 절감한 사례는 다음과 같다.

우리 회사는 일주일에 한 번, 직원들의 자율 청소 시간이 있다.

처음에는 걸레로 청소를 했다. 자신의 주변, 공용부분을 걸레로 닦아낸다. 이것이 '비용 절감 위원회'의 논의사항으로 올라왔다.

"걸레로 청소를 하면 청소 후 빨래하는 시간, 빨래를 말리는 장소의 임대료가 아깝지 않나. 일회용 청소타올을 사용하는 것이 비용 절감에 효과가 있지 않을까?"

그래서 두 가지를 비교해 보기로 했다.

걸레를 사용할 경우, 청소 후 세탁하는 시간 대비 인건비가 많이 든다. 그 시간에 이익에 기여할 다른 일을 할 수 있을 것이다. 세탁한 걸레가 마를 때까지 말리는 공간의 임대료도 발생한다. 이는 사무실 면적에서 차지하는 비율을 월 임대료에 적용하여 계산할 수 있었다. 만약 그 공간에 걸레가 없다면 더 많은 이익에 기여할 수 있는 용도로 사용할 수 있을지도 모른다.

일회용 청소타올은 한 사람이 한 번에 몇 장을 사용하는지, 한 달에 몇 장을 사용하는지에 따라 비용을 계산할 수 있다.

결국, 후자가 더 저렴하다는 것을 알게 되어 걸레에서 일회용 청소타올로 바꿨다.

이 밖에도 구매처의 재검토는 원가 절감으로 이어진다. 그래서 이 또한 정기적으로 실시하고 있다.

규모가 작을 때, 거래를 시작한 거래처는 소량을 전제로 한 높은 단가를 요구하는 경우가 많다. 그대로 주문이 늘어나면 결제금액은 많아진다. 그래서 견적을 다시 받거나 구매처를 재검토함으로써 **10억 원 정도의 원가를 절감**하는 경우도 있다.

또한, **결제수수료는 주문연동비의 큰 부분**을 차지한다.

연간 1,000억 원의 매출을 감안하면 실제로 엄청난 결제수수료가 발생한다. 결제수수료를 2~3퍼센트라고 가정하면 카드 결제수수료로 연간 20~30억 원을 지불하고 있는 셈이다. 이를 협상하여 **0.1퍼센트만 줄여도 1억 원의 주문연동비를 절감하는 효과**를 가져올 수 있다.

이렇게 다양한 비용 절감 방안을 고민하다 보니 우리 회사의 경우 **연간 10~30억 원 정도의 비용 절감 아이디어**가 나온다.

비용 절감 캠페인의
진정한 목적

비용 절감 캠페인을 한 번 경험하면, 직원들의 비용에 대한 인식이

달라진다.

불필요한 지출이 극도로 줄어든다. 결재자는 새롭게 비용을 지출하는

결재가 들어왔을 때

'여기에 비용을 지출하면, 올해 비용 절감 캠페인의 의제에 오르지

않을까?'

라는 생각을 하게 된다.

동시에 매년 다양한 비용 절감 기법을 경험하고 있기 때문에

'이 사안은 이렇게 하면 비용을 들이지 않고도 할 수 있지 않을까?'

'이 사안과 이 사안을 동시에 진행하면 절반의 비용으로 시행할 수 있지

않을까?'

'이 사안은 비용 대비 효과를 어떻게 생각하는가?'

등 매번 업무를 수행할 때마다, 결재를 할 때마다 '비용 절감 캠페인'의

관점에서 판단할 수 있게 된다.

일단 비용 절감 캠페인에 진지하게 참여했던 관리자는 적절한 결재를

하게 된다. 그 자세로 인해 모든 부서에 비용에 대한 의식이 전달된다.

이렇게 해서 철저하게 돈을 낭비하지 않는 조직이 만들어진다.

나는 이 이야기를 경영자들과의 정보교환 자리나 강연회 등에서 자주

한다.

그리고 많은 경영자들이 자체적으로 시행한 결과 엄청난 효과를 봤다고

이야기한다.

이 '비용 절감 캠페인'만은 지금 당장 해보길 바란다.

제8장

매출 1조 원,
이익 3,000억 원을
실현하는 전략

1

철저하게 낭비를 제거한
디지털 마케팅 전략

수치화와
타겟팅

지금까지의 이야기를 통해 우리 회사가 얼마나 '낭비'를 없애면서 경영을

해왔는지를 알 수 있었으리라 생각한다.

이는 '디지털 마케팅'이라는 어떤 의미에서, 대부분의 사건을

'수치화'하기 쉬운 업종이었기에 가능했던 측면도 있다.

나는 **사장과 마케팅 책임자를 겸하고 있다.** 경영과 직결된 마케팅을 통해 마케팅 수치는 모두 경영 수치로 연결된다.

'수치'를 보면 '낭비'가 눈에 들어온다.

그 '낭비'를 없애기 위해 타겟을 세분화하고, 거기에 집중된 마케팅 활동을 한다.

마지막 장에서는 디지털 마케팅으로 우리가 어떻게 낭비를 제거하면서 활동하고 있는지에 대해 이야기하고자 한다.

웹 고객 유치를 내재화할 때 얻을 수 있는 4가지 이점

마케팅은 고객과 사회, 기업의 결합 부분이다.

기업은 고객이 있어야만 존재할 수 있다. 따라서 마케팅이 기업의 근간이 되는 것은 당연한 일이다.

홋카이도 특산품을 인터넷으로 판매하던 시절부터 전자상거래와 광고를 자체적으로 구축해 온 우리 회사는 독자적인 데이터, 알고리즘 분석을 쌓아왔다.

상품 개발에 집중하기 위해 한때는 웹마케팅을 광고대행사에 맡기기도 했지만, 그렇게 해서는 '타사 제품과의 차별성'을 어필하기 어려웠다.

그래서 다시 웹마케팅을 인하우스화(내재화)했다. 즉, 우리 회사의

상품과 서비스를 홍보하는 광고 운영, 광고 타겟 설정 및 리포팅,

크리에이티브 제작을 모두 자체적으로 하는 것이다.

일반적으로 인하우스화의 장점은 다음과 같이 4가지로 요약할 수 있다.

① 사내에 축적된 정보를 활용하여, 깊이 있는 관점의 마케팅이 가능하다

상품 지식, 사용자 이해 등 사내에서만 파악할 수 있는 심층적인 정보를

마케팅에 활용할 수 있기 때문에, 광고대행사가 운영하는 것보다 더

깊이 있는 관점의 마케팅을 실행할 수 있다.

② 업무 속도가 빨라진다

광고대행사에 외주를 주는 경우, 마케팅 실행 이후 반응을 기다려야

하기 때문에 시간적인 손실이 발생한다. 광고대행사는 보통 여러

클라이언트를 담당하기 때문에 반응이 느리다. 인하우스화하면,

내부에서 완성되기 때문에 결재 속도가 빨라진다. 우리 회사는 매일

아침 광고 효과를 점검하고 조정하고 있다.

③ 광고 운영의 노하우를 축적할 수 있다

광고대행사에 외주를 주는 경우, 광고안을 고민하고 실행하는 것은 대행사이고, 회사에서는 대행사로부터 제공받은 운영 결과 정보만 볼 수 있다. 반면, 자체적으로 광고 운영을 집행할 경우 타겟 세분화, 입찰 단가 등 운영에 필요한 모든 요소를 고려하여 결과를 축적할 수 있다.

④ 광고대행사 외주 수수료를 절감할 수 있다

광고대행사에 수수료를 지급하지 않기 때문에 광고 집행 금액의 20~30퍼센트 정도를 절감할 수 있다.

인공지능을 핵심으로 하는 디지털 마케팅 전략을 수립할 때, 인하우스화의 이점을 살리는 것은 매우 중요한 의미를 가진다. 그 이유에 대해서는 뒤(311페이지)에서 설명하겠다.

반면, 일반적으로 인하우스화에는 다음과 같은 3가지 단점이 있다고 한다.

① 광고매체와의 커뮤니케이션 업무가 증가한다
② 광고 전문 인력 확보가 필요하다
③ 마케팅 방안에 대한 새로운 정보를 얻기가 어려워진다

인하우스화에는 일장일단이 있기 때문에 인하우스화도 하면서 외주화도 병행하는 것이 좋지만, 우리 회사의 경우 앞서 말했듯이 웹마케팅, 크리에이티브 스킬을 오랜 기간 동안 축적해왔다.

숙련된 직원들이 다수 재직하고 있기 때문에, 새로 입사한 직원들도 단기간에 같은 수준으로 끌어올릴 수 있다.

우리의 특징은 압도적인 데이터 양과 그 이면에 미디어가 가진 생각(알고리즘), 사용자 성향까지 생각을 연결하는 분석력에 있다.

우리의 데이터 사이언스 마케터들은 일반적인 행동 심리와 실제 사용자가 취하는 행동이 다르다는 사실을 깊은 통찰 끝에 세운 가설로 입증하면서, 그 공통점과 법칙성을 찾아내고, 노하우를 시스템화 한다.

이를 통해 고객 특성 등을 세밀하게 분석할 수 있고, 언제, 어떤 인터넷 매체에 광고를 집행하면 구매로 연결되기 쉬운지를 알 수 있다.

지금까지 이야기한 바와 같이 **상품 개발과 효과적인 광고 홍보가 양날개가 되어 고수익을 실현한 것이다.**

인공지능을 활용한
디지털 프로덕트 마케팅

현재의 애드테크놀로지는 인공지능을 어떻게 활용하느냐에 따라 달라진다.

우리 회사의 인공지능을 활용한 디지털 프로덕트 마케팅의 흐름은 다음과 같다.

① 이익에서 역산한 '상한 CPO'를 설정

앞서 언급했듯이 우리 회사는 이익에서 역산하여 매출을 생각하고 있다. 따라서 이익에서 역산하여 '상한 CPO'를 설정한다.

② 디지털 프로덕트 마케팅 전략 수립

이익에서 역산하여 디지털 프로덕트 마케팅(자사 제품을 제조하는 기업이 프로모션 계획, 판매촉진 방안을 시행하는 것)을 한다.

디지털 프로덕트 마케팅의 핵심은 **'차별화 전략'**이다.

인공지능에게는 애초에 차별화라는 개념이 없다. 같은 카테고리에 속하는 우리 상품 A와 경쟁사 상품 B가 있을 때, 제대로 차별화를 하지 않고 광고를 집행하면 비슷한 사람에게 똑같이 광고가 노출되어 광고효과가 거의 없게 된다.

'내비게이션 정체 이론'이라는 것이 있다. 모두가 같은 내비게이션을
사용할 경우 내비게이션 때문에 정체가 발생한다는 것이다.

구글이나 페이스북 등 전 세계가 같은 내비게이션을 사용하는 것과 같기
때문에 제대로 차별화를 하지 않으면 전 세계가 경쟁자가 된다.

③ 교사용 데이터 공급

인공지능은 이미지를 인식한다. 이는 이미지에서 특징을 파악하여
대상을 식별하는 패턴 인식 기술 중 하나다. 인간은 이미지를 보면
무엇으로 보이는지 경험을 바탕으로 추측할 수 있다.

하지만 컴퓨터는 처음에 기억도 경험도 없다. 갑자기 사과 이미지 한
장을 보여줘도 사과로 인식하지 못한다.

이미지 인식은 컴퓨터에게 데이터베이스에서 대량의 이미지를
제공하고 대상물의 특징을 컴퓨터가 자동으로 학습하도록 한다.

컴퓨터는 이미지 데이터에서 사과의 특징을 학습하고, 같은 특징을 가진
이미지가 주어지면 사과라고 추측하게 된다.

컴퓨터는 이미지를 나타내는 픽셀 데이터에 대한 연산을 통해 특징량을
계산하는 수학적 방법으로 이를 가능하게 한다.

이 분야는 인공지능의 딥러닝 기술 향상으로 빠르게 발전했다. 이때 처음 주는 이미지 데이터를 '교사용 데이터'라고 한다.

이 기술을 활용하기 위해서는 **인간이 '어떤 교사용 데이터를 줄 것인가'를 고민해야 한다.** 우리 회사 상품의 특징, 누구에게 판매할 것인가를 명확하게 설정한 후에 인공지능의 학습 환경을 조성해 나간다.

④ 광고 집행, 인공지능을 활용한 운영

광고를 운영하면서 매일 성과를 측정한다. CPO 등의 지표를 보면서 광고 집행 여부를 판단하고 운영하고 있다.

인공지능이 할 수 있는 일,
인간이 할 수 있는 일

인공지능의 시대에 생각해야 할 것은, 인공지능의 일이 무엇인지, 인간의 일이 무엇인지를 파악하는 것이다.

일부 마케터들 중에는 '인공지능에게 맡기면 괜찮다'고 말하는 사람들도 있는데, 절대 그렇지 않다.

인공지능은 할 수 없지만, 인간이 할 수 있는 일은 두 가지가 있다.

① 수작업 … 몸을 써서 무언가를 하는 것

② 기획 … 새로운 무언가를 생각해내는 것

구글이나 페이스북에 상품 광고를 집행했다고 가정해 보자.

구글이나 페이스북은 적절하다고 생각되는 사용자를 골라 광고를

노출시킨다.

그리고 광고를 클릭한 사람, 구매한 사람 등의 데이터를 축적한다.

'어떤 사람이 구매하는지'를 인공지능이 학습하고, 구매 가능성이 높은

사람에게 우선적으로 광고를 노출한다. 인공지능의 지시에 따라 인간이

수작업으로 광고를 집행한다. 이것이 현재의 큰 흐름이고 '인공지능에게

맡기면 괜찮다'라는 발언으로 이어진다.

하지만 그렇게 해서는 이익으로 연결되는 광고를 집행할 수 없다.

인공지능은 'A와 B 중 어느 것이 좋은지'는 알지만, '왜 A가 좋은지',

'왜 B가 나쁜지'는 알지 못한다. 더군다나 'A, B보다 C가 더 낫지

않을까?'라는 생각은 하지 않는다.

그래서 **기획(크리에이티브)**이 중요하다.

무엇보다 **차별화 전략**이 필요하다.

'인공지능에 맡기면 괜찮겠지'라고 생각하면, 다음과 같은 일이

벌어진다.

치즈케이크를 판매하는 광고를 '20대 여성'에게 전달하려고 했는데, 단 것을 싫어하는 '20대 여성'에게도 광고가 전달된다. 반면, 치즈케이크를 좋아하는 40대 남성은 그 광고를 접할 기회조차 얻지 못한다.

인공지능의 알고리즘을 이해하고, 상품을 타겟에 맞게 매칭하는 전략을 세우는 것은 인간의 경험치가 우위에 있는 영역이다.

구체적으로 말하면, 인공지능의 학습 환경을 조성하는 것이다. 학습은 확률론으로 이루어져 있기 때문에, 시작 단계의 변환이 잘못되면 그 요구사항이 계속 이어지게 된다.

차 음료 A와 B가 있다면 'A를 좋아하는 사람', 'B를 좋아하는 사람'이라고 학습시키지 않고 '차 음료를 좋아하는 사람'이라고 학습시키면 A도 B도 같은 광고 움직임을 보이므로 차별화를 꾀할 수 없는 것이다.

타겟에게
정확히 어필하는 방법

우리가 직접 광고를 운영하게 된 계기는 바로 여기서 시작되었다.

광고대행사의 담당자는 여러 클라이언트를 상대하기 때문에 한 상품에 대해 깊이 있는 접근을 할 수 없다.

상품의 본질은 제조사가 더 잘 알고 있다. 인공지능이 광고의 중요한 부분을 담당하게 되면서, 우리가 본질적인 차별화 부분을 맡아야 한다고 생각했다.

인공지능이 학습하여 광고를 노출하는 과정은 다음과 같다.

① 이 상품이 어떤 제품인지 인식한다.

② 어떤 사람들이 구매하는지 학습한다.

③ 그 사람을 찾아 광고를 노출한다.

이때, 인공지능은 처음 20명 정도에서 윤곽을 잡는다. 이 20명을 어떤 사람으로 하느냐에 따라 이후의 움직임이 크게 달라진다. 사진 1을 보자.

이 상품을 무엇으로 인식할 것인가.

A, 이 상품을 **'디저트'**로 인식하고, '아주 맛있는 디저트입니다'라는 광고를 한다.

이를 통해 처음 매칭된 20명이 '디저트를 좋아하는 사람'이 되면, 구글이나 페이스북은 '이 상품은 디저트를 좋아하는 사람이 사는 것'으로 인식하고 디저트를 좋아하는 사람에게 광고를 우선적으로 노출한다.

사진 1 이 상품은 도대체 무엇인가?

이 경우, 디저트를 좋아하지 않는 사람에게는 광고가 노출되지 않는다.

언뜻 보면 효율적으로 보이지만, 한편으로 마카롱, 쿠키와 같이 넓은

의미에서 디저트를 좋아하는 사람에게도 광고가 노출된다. 그러면 이

상품은 마카롱, 쿠키 등과 경쟁하게 되어 낭비가 발생한다.

B, 이 상품을 '치즈케이크'로 인식하고, '아주 맛있는 치즈케이크
입니다'라는 광고를 한다.

처음 매칭된 20명이 '치즈케이크를 좋아하는 사람'이 되면, 구글과

페이스북은 '이 상품은 치즈케이크를 좋아하는 사람이 사는 것'이라고

인식하고 치즈케이크를 좋아하는 사람에게 광고를 우선적으로

노출한다.

더 이상 마카롱과 쿠키를 좋아하는 사람들에게는 광고를 노출하지

않는다.

C, 이 상품을 '레어 치즈케이크'로 인식하고, '아주 맛있는 레어
치즈케이크입니다'라는 광고를 한다.

처음 매칭된 20명이 '레어 치즈케이크 매니아'가 되고, 구글과

페이스북은 '레어 치즈케이크 매니아'에게 우선적으로 광고를 노출한다.

이렇게 되면, 같은 치즈케이크라도 베이크드 치즈케이크를 좋아하는

사람에게는 광고가 노출되지 않는다.

D, 이 상품을 **'고르곤졸라 레어 치즈케이크'**로 인식하고, '아주 맛있는 고르곤졸라 레어 치즈케이크입니다'라는 광고를 한다.

처음 매칭된 20명은 '고르곤졸라 레어 치즈케이크 매니아'가 된다.

이는 케이크를 좋아하는 사람보다는 고르곤졸라 치즈를 좋아하는

사람이 타겟이고, 치즈 사이트를 자주 보는 사람을 타겟으로 구글과

페이스북은 학습하게 된다.

이렇게 먼저 '이 상품이 도대체 무엇인가'를 인간이 먼저 생각해야 한다.

상품의 특징을 파악하고, 처음 20명을 설정하고, 인공지능에게 학습을

시킨다.

그것이 잘 되면 효율적인 광고를 할 수 있다. 인공지능의 알고리즘을

이해하고 애드테크놀로지를 활용하면, **타겟에게 정확하게 어필할 수 있는**

것이다.

사이코그래픽 데이터로
구매 이유를 파악한다

많은 마케터들이 인구통계학을 바탕으로 하는 데모그래픽 속성으로

고객 타겟팅을 하고 있다. 하지만 우리 회사는 소비자 행동의 심리학적

기준을 바탕으로 하는 **사이코그래픽 속성으로 고객 타겟팅을 하고 있다.**

◎ 데모그래픽 데이터 … 고객의 성별, 연령, 소득, 미혼/기혼 등 정량적

   데이터에 기반한 변수

◎ 사이코그래픽 데이터 … 고객의 라이프스타일, 취미, 취향, 선호도,

   가치관 등 내면을 나타내는 변수

그림 44를 참고해보자.

데모그래픽 데이터는 정량적 데이터에 기반한 변수인 반면,

사이코그래픽 데이터는 **소비자의 내면을 나타내는 변수**라는 점이 가장

큰 차이점이다. 다시 말해, **'누가' 구매하는지를 나타내는 것이 데모그래픽**

데이터라면, '왜' 구매하는지를 나타내는 것이 사이코그래픽 데이터이다.

인간의 소비 행동을 상상하고, 가설을 세우면서 진행한다.

그림 44 데모그래픽 데이터와 사이코그래픽 데이터

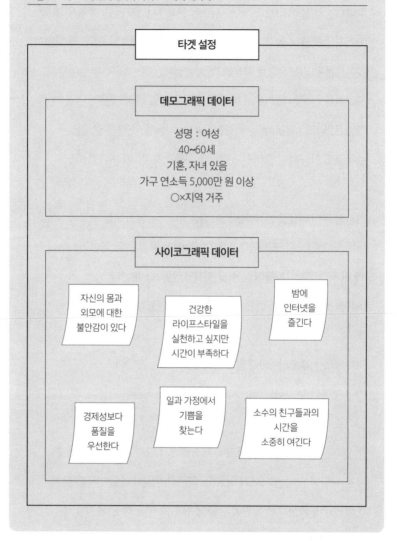

예를 들어, 스마트폰에 광고를 집행했다고 가정해 보자. 시간대에 따라 구매되는 비율이 다르다. 낮 12시부터 오후 1시까지는 클릭 후 구매로 이어지는 비율이 높고, 그 외는 높지 않다는 데이터가 나왔다. 왜 그럴까? 스마트폰은 일상적으로 사용하지만, 점심시간에는 클릭 후 들어간 페이지를 천천히 읽어보고 마음에 들면 구매를 하기 때문이다. 반면, 그 외의 시간대에는 지하철을 타고 이동 중에 같은 광고를 보더라도 집중력이 떨어지기 때문에 구매까지 이어지지 않는다.

이처럼 **구매 이유를 생각하는 것이 중요**하다. 즉, 분포도를 보고 구매율이 높은 곳에 집중시키면 된다고 인공지능에게 맡길 것이 아니라, **'왜 이 시간대에 구매율이 높은(낮은)지'**를 생각해야 한다. 이유를 생각하는 힘은 일상 업무를 하면서 경험을 쌓아가는 수밖에 없다. 이제부터는 **부끄러워하지 말고 남에게 물어보는 것**이다. 인간 행동이 수치화되어 있기 때문에 '이런 움직임이 있는데, 왜 그런 것 같아요'라고 물으면, 타겟은 바로 대답할 수 있다. 잘 알려진 이야기지만, 미국의 슈퍼마켓에서 기저귀와 함께 맥주를 사는 사람이 많다는 자료가 나왔다. 아무리 생각해봐도 이유를 찾지 못하였는데 계산대의 직원에게 물어보니, 그 답을 한 번에 찾을 수

있었다. 주말에 부부가 함께 차를 타고, 무거운 물건을 한꺼번에 사러

방문하기 때문이었다. 맥주와 기저귀가 연관성을 가지는 것이 아니라

'무거운 것'이라는 속성에 이유가 있었던 것이다.

그래서 그 슈퍼에서는 주말에 맥주, 기저귀, 생수, 화장지, 쌀 등 대량으로

구매하는 물건을 모아놓은 코너를 만들어 매출을 늘렸다. 당사자나

현장의 사람들은 금방 알 수 있는 문제가 많으니, 의문이 생기면 바로

물어보자.

삼박자를 고루 갖춘
해피 트라이앵글을 목표로 하자

지금까지 '이익'을 의식한 경영과 마케팅에 대해 이야기해 왔다.

그렇다면, 한 기업 한 기업이 이익을 의식한 디지털 마케팅을 하면

어떻게 될까?

우선 불필요한 광고를 중단하게 된다.

온라인 광고는 한정된 광고 구좌를 경매제로 판매하기 때문에, 불필요한

광고를 집행하는 회사가 줄어들면 경매 가격이 낮아진다. 그러면 전체

광고비의 단가가 내려간다. 불필요한 광고를 중단한 단계에서 이미

이익이 발생하기 시작하고, 광고비 단가가 낮아지면 그에 따라 이익은 더욱 늘어나게 된다.

광고주 입장에서는 이익률이 향상될 뿐만 아니라, 많은 기업들이 동참하기 시작하면 업계 전반의 이익률이 높아진다.

인터넷 사용자의 입장에서 생각하면, 무의미한 광고가 줄어든다. 수익성이 떨어지는 광고는 사용자로부터 가치를 인정받지 못한 광고이다. 무의미한 광고가 줄어들면 사용자의 편의성이 높아진다. 그렇게 되면 사용자의 시청시간이 길어지고, 미디어의 광고 판매량이 증가하고, 광고주의 매출이 늘어난다.

광고주가 이익을 의식한 디지털 마케팅을 시작하면, 동종업계, 사용자, 미디어 모두가 이익을 얻게 된다. **이것을 해피 트라이앵글이라고 한다.**

나는 동종업계에서도 강연을 하고 있다. 어떻게 보면 경쟁자지만, 한 회사 한 회사가 매출보다 이익을 의식하기 시작하면 우리 회사에도 동종업계에도 좋은 점이 있다.

동종업계가 불필요한 광고를 집행하지 않으면 동종업계의 이익이 올라가고, 광고비 단가가 내려가기 때문에 우리 회사에도 이익이 되는 것이다.

2

세계로 진출하는 차세대 글로벌 메이커로 거듭나기

D2C의 대표에서
세계적인 브랜드로

우리 회사는 '놀라울 정도로 좋은 상품', '유행에 편승하지 않는

정책', '세계 최고 수준의 인터넷 마케팅 그룹'으로 **주가 상승률 일본**

1위(2017년 주가 상승률 1,164%)의 초효율 경영을 지향해 왔다.

앞으로 우리 회사의 비전은 세계로 진출하는 차세대 글로벌 메이커로

성장하는 것이다.

소비재 분야의 글로벌 메이커로는 네슬레, P&G, 존슨앤드존슨, 유니레버, 켈로그, 제너럴 밀스, 펩시콜라, 코카콜라 등이 있다. 이러한 글로벌 메이커와 어깨를 나란히 하고 싶다.

지금까지의 글로벌 메이커들은 실제 매장을 통한 유통으로 성장해왔다. 하지만 앞으로는 D2C에 의한 글로벌 메이커가 생겨나도 이상하지 않을 것이다.

전 세계적으로 그런 일이 가능한 세상이 되었다. 우리가 D2C의 대표주자로서 글로벌 메이커로 거듭나고자 한다.

현재는 '기타노카이테키코보(北の快適工房)'라는 브랜드를 사용하고 있지만, 이를 전 세계로 확장하는 것이 아니라, 대상 국가별로 브랜드를 새롭게 런칭할 예정이다.

우리의 강점은 **고객의 고민을 해결할 수 있는 상품을 개발하여 직접 판매하는 것**이다. 현재는 일본인을 대상으로 상품 개발을 하고 있다. 그것을 그대로 미국에 가져가서 파는 것보다, 미국인의 고민에 맞춰 상품을 개발하는 것이 더 낫다. 시장을 상대로 상품을 만들고, 일본에서 인터넷으로 판매하는 것이 비즈니스 모델의 근간이다.

미국 아마존에서
우리의 상품을 판매

그렇다면, 고객의 고민은 어떻게 추출할 것인가?

사내 회의에서 다양한 고객의 고민이 나오면, 이를 해결할 수 있는 상품이 있는지를 우선 알아본다.

인터넷 고민 상담 사이트를 보면, 기존 상품으로 해결된 경우와 그렇지 않은 경우가 있다.

동시에, 그 고민이 얼마나 많이 검색되는지 키워드 검색도 조사한다.

고민을 '수요'로 생각했을 때, 그에 대한 공급이 얼마나 되는지 관찰하고, 여유가 있다면 상품 개발을 검토한다. 이 방식은 해외시장 진출 시에도 마찬가지일 것이다.

우리가 명확하게 구분하고 있는 것은 '인터넷상에서'라는 부분이다.

미국의 실생활에서 시장조사를 하는 것이 아니라, 미국인의 고민을 해결해주는 상품이 인터넷에서 팔릴 수 있는지를 보고 있다. 거꾸로 말하면, 기본적으로 인터넷으로만 조사를 하는 것이다.

예를 들어, 미국 아마존에서 상품을 판매한다고 가정해 보자.

이 경우, 현지 아마존에서 어떤 물건이 팔리고 있는지, 팔리고 있는 물건에 어떤 댓글이 달렸는지를 일본에서 알아본다.

미국 아마존에서 판매하려면, 미국 아마존을 철저하게 조사하는 것이
최선이다. 현지에 가서 실제 소비자들을 인터뷰하는 것보다 그들의
인터넷상에서의 행동을 조사하는 것이 더 중요하다. 인터넷상의
아마존이야말로 상품을 구매하는 실제 장소이기 때문이다.

오프라인과 온라인 마케팅 조사 방법

실제 소비자를 대상으로 마케팅 조사를 하는 경우와 아마존에서 마케팅
조사를 하는 경우, 필요로 하는 상품이 다르다.

예를 들어, 홋카이도 특산품을 판매하는 경우, 신치토세 공항에서
판매되는 상품과 인터넷 쇼핑몰에서 판매되는 상품은 전혀 다르다.

신치토세 공항에서 고객이 특산품을 구입할 때는 어떤 상태인가?

홋카이도 여행에서 돌아오는 길에 상당히 기분이 고조된 상태이다.

'홋카이도 여행이 즐거웠다. 추억으로 무언가를 사자'라는 경우

'홋카이도다움'이 중요하다.

반면, 인터넷 쇼핑몰에서 구매할 때는 어떤 심리 상태인가?

여행을 다녀온 것이 아니기 때문에 들떠있는 상태가 아니다. 신치토세 공항에서는 충동적으로 게를 사게 되지만, 인터넷에서는 충분히 비교 검토 후에 구매를 한다.

킹크랩과 대게, 털게 중 어느 것이 좋을까? 홋카이도 특산품을 사려고 했는데, 다른 지역 특산품에도 욕심이 생긴다. 즉, 품질과 가격을 냉정하게 비교 검토한 후에 구입을 한다. 이것은 어떤 의미에서 심각하다. 오프라인 판매와 달리 온라인 판매는 '**비교 검토 후 정말 팔릴 수 있는 상품인지 여부**'가 중요하다.

그 점에서 인터넷 판매의 경우 상품설명서를 꼼꼼하게 읽어보게 하는 것이 좋다.

예를 들어, 우리 회사 건강식품의 경쟁 제품은 드럭스토어에서 판매되고 있다. 드럭스토어에서는 유명 브랜드의 상품이 크게 취급되고 있다.

브랜드를 보고 구매하기 때문에 설명서를 거의 읽어보지 않고 구매한다.

반면, 인터넷 판매의 경우 상품에 대해 조목조목 글로 설명할 수 있다.

품질에 자신이 있다면 설명을 제대로 써주면 된다.

현재는 일본을 중심으로 사업을 전개하고 있지만, 앞으로는 GAFA(구글,

아마존, 페이스북, 애플)의 플랫폼을 통해 전 세계로 뻗어나갈 예정이다. 지금도 인터넷 광고를 집행할 때 국내 광고매체도 많지만, 해외 진출을 위해 글로벌 플랫폼을 활용해 노하우를 축적하고 있다.

기업의 성장 단계에 따른 이익 전략

현재는 한 상품으로 500억 원~1,000억 원의 매출을 올릴 수 있는 매스마켓을 대상으로 하는 상품 개발에 도전하고 있다. 매출 1조 원의 회사를 목표로 한다면, 더 이상 틈새 상품을 쌓는 것보다 매스마켓의 상품을 여러 개 출시하는 것이 나을 것이다. 경쟁은 많아지겠지만, 분명한 장점을 가진 상품으로 만들 수 있다면 이익률을 유지할 수 있을 것이다.

매출 1,000억 원 이하와 매출 1,000억 원 이상은 사업에 대한 생각이 완전히 다르다.
4장에서 언급했듯이, 매출 1,000억 원까지는 **틈새시장을 공략하는 전략으로 성장**해왔다.

대기업이 진입하기에는 너무 작은 시장, 그리고 중소기업이 절대 흉내낼 수 없는 품질로 승부했다. 큰 시장은 경쟁자가 많고 큰 시장에서 매출 1,000억 원을 달성하려면 비용이 너무 많이 든다.

작은 시장은 경쟁이 적기 때문에 매출이 100억 원, 200억 원에 불과하지만, 경쟁 비용이 들지 않아 이익률이 높다. 지금까지 이를 통해 매출 1,000억 원에 이익 290억 원을 달성했다.

하지만 이런 방식으로는 1조 원까지 매출을 늘리는 것이 어렵다.

다음에는 하나의 상품으로 1,000억 원의 매출을 올릴 수 있는 시장에 진출할 것이다.

샴푸, 핸드크림, 올인원 젤(스킨케어에 필요한 모든 기능을 담은 젤) 등 큰 시장이 있다. 지금까지는 틈새시장을 거의 가져왔지만, 앞으로는 큰 시장의 일부를 차지하는 전략을 병행할 것이다.

타겟은 5장에서 언급한 이노베이터 이론의 이노베이터 2.5퍼센트와 얼리어답터 13.5퍼센트를 합친 16퍼센트이다.

이곳은 비교적 저렴한 비용으로 고객을 획득할 수 있다. 수조 원 규모의 시장에서는 점유율 1위가 아니더라도 높은 이익률을 유지할 수 있다.

예를 들어, 샴푸 시장이 1조 원 규모라면 600억 원 규모의 이노베이터와 얼리어답터 시장이 있다. 이를 여러 개 만들어 매출 1조 원을 목표로 한다.

물론, 품질은 지금까지와 마찬가지로 기본 전제가 된다. 타겟은 이노베이터와 얼리어답터로부터 시작되지만, 상품과 트렌드에 대해 잘 알고 있는 두 타겟에게 주목받기 위해서는 이 두 타겟이 고개를 끄덕일 수 있는 제품부터 만들어야 한다.

내 인생을 바꾼 전화카드 이야기

내가 마케팅에 처음 관심을 갖게 된 것은 고등학교 시절이었다.

아버지께서 읽고 계시던 비즈니스 잡지를 어느 날 우연히 읽게 되었다.

그 잡지에 **'전화카드의 수익성을 높이기 위한 장치'**가 적혀 있었다.

당시 공중전화는 3분에 100원으로 동전만 사용할 수 있었다. 장시간 통화하기 위해서는 동전을 잔뜩 준비해야 했다. 그러던 중 NTT(당시 일본전신전화공사)에서 1장에 5,000원 정도의 선불카드를 판매해 공중전화에서 사용할 수 있게 되었다. 이로 인해 사용자들은 극적으로 편리해졌다.

그러나, NTT 입장에서는 같은 5,000원의 통화 매출이라도

동전의 경우 : 원가 = 회선 사용료

카드의 경우 : 원가 = 회선 사용료 + 카드 원가 → 이익 감소

가 된다. 그래서 NTT는 **'전화카드를 구입해도 사용하지 않으면 회선 사용료가 발생하지 않는다. 따라서 수익성이 높아진다'**라는 역발상의 아이디어를 내놓았다.

그것이 바로 **'전화카드를 수집의 대상으로 만드는 전략'**이었던 것이다.

이를 위한 장치로 처음에는 회색의 플라스틱으로 만든 디자인성이 떨어지는 전화카드를 출시했다. 그래도 동전에 비해 사용성이 편리하기 때문에 큰 인기를 끌었고, 많은 사람들이 전화카드를 '사용'하기 위해 구입했다.

그리고 전화카드가 어느 정도 자리를 잡았을 무렵, 만반의 준비를 하고 일본을 대표하는 **화가 오카모토 타로가 디자인한 4종류의 카드를 출시**하게 된다. 이것은 그야말로 대박을 터뜨렸다.

이때부터 사람들은 '사용'하기 위해서가 아니라 **'수집'을 위해 전화카드를 구입**했다.

이후에도 아이돌의 브로마이드와 같은 '사용하기보다는 수집하고 싶어지는' 전화카드를 계속해서 출시했다. 감각적인 수치이긴 하지만,

시중에 유통되는 전화카드의 20~30퍼센트는 사용되지 않고 잠들어

있는 것이 아닐까?

이것은 모두 NTT의 **'회선 사용료라는 원가가 들지 않는 매출'**이 되었다.

나는 이 기사를 읽고 충격을 받았다.

내 손에 들려있는 이 아이돌의 전화카드가 NTT의 장치로 인해 내 손에서

사용되지 않고 남아있다는 것을 알게 되었다. 고등학생의 신분으로

'세상은 장치로 이루어져 있다'라는 것을 알게 된 순간이었다.

그 이후로 모든 것을 볼 때마다 '이것은 어떤 장치로 이렇게

되었을까'라고 생각하게 되었다. **장치가 보이면 세상이 달라 보인다.**

그리고 세상이 갑자기 재미있어진다!

그때부터 세상은 **아주 즐거운 원더랜드**로 보이기 시작했다.

히트 상품을 만들기 위해서는

① **상품, 작품 등 대상물에 대한 조예가 깊어야 한다.**

② **소비자에 대한 경외심을 가지고 있어야 한다.**

③ **세상의 '장치'에 대해 잘 알고 있어야 한다.**

이 세 가지 요소를 갖춘 프로듀서가 히트 상품을 만들 수 있는 것이다.

지금의 내가 이 세 가지를 얼마나 겸비했는지는 모르겠지만, 적어도 이

세 가지 요소는 앞으로도 계속 갈고 닦아 나갈 것이다.

5단계 이익관리 항목과 실행방안을 연동시킨다

앞으로도 다양한 마케팅 실행방안을 펼치겠지만, 성패는 항상 숫자로 판단할 것이다.

그 스탠스는 지금까지도, 앞으로도 변하지 않을 것이다. 우리에게 중요한 숫자는 두 가지다.

◎ KPI(핵심성과평가지표: 핵심 목표의 달성 정도를 측정하기 위한 지표)

◎ KGI(중요목표달성지수: 최종 목표가 달성되고 있는지를 측정하기 위한 지수)

적절한 KPI를 설정하고 측정하기 위해서는 평소에 수행하는 업무에서 어떤 숫자를 어떻게 가져와서 어떻게 분석할 것인가를 고민해야 한다.

그러면 측정 시스템의 개발 과정에 도달하게 된다.

최종적으로 적절한 KGI를 설정하기 위해서는 **'영업이익'**을 늘리는 것을 목표로 KGI가 설계가 되어야 한다.

영업이익을 따지기 위해서는 마케팅 비용뿐만 아니라 **연동되는 판관비,**

인건비까지 계산하여 가장 비용 효율적인 방안을 마련해야 한다는

'경영관리'의 과정에 도달한다.

이 책에서는 5단계 이익관리를 제시하고, 그 항목과 실행방안을

연계하면서 생각해왔다.

앞으로도 이익에 효과적으로 기여하는 실행방안을 찾아 실시할 것이다.

그리고 기업 규모가 커질수록 책임도 그만큼 무거워진다.

이익을 내고 '무수익 수명'은 늘려가면서 영속적인 기업을 만들어 가려고

한다.

에필로그

높은 이익률은 사장 혼자서 이룰 수 있는 것이 아니다.

직원들이 이익에 대해 바르게 이해하고 행동해준 덕분이다.

이를 위해 나는 신입사원과 경력직 입사자들에게 2장에서 언급한 '이익은

무엇을 위해 존재하는가'라는 교육을 실시해 왔다. 그 후로는 매일 매일

업무에서 이익을 염두에 두고 업무를 처리하고 있다.

5단계 이익관리를 하면서 이익에 연결되지 않는 일들은 과감히 그만두고

날마다 개선해나가고 있다.

그러면 이익으로 이어지는 일만 남는다.

어떤 직원이 매출 중심의 실행방안을 고민하고 있으면 "그것이 이익으로

연결되는가?"라고 묻는다.

비용 절감에 중점을 두어야 할 시간이다.

시간을 낭비하는 것은 인건비를 낭비하는 것과 같다.

5단계 이익관리에서 ABC가 여기에 해당된다.

직원들에게 자주 하는 말로 "왜 사장은 택시를 타고 이동하는가?"가 있다.

사장은 잘나서 택시를 타고 이동하는 것이 아니다.

우리 회사는 한 달에 약 20억 원의 이익을 내고 있다. 사장은 월 20억 원의 이익을 내기 위한 사령탑 역할을 하고 있다. 즉, 영업시간 10분으로 환산하면 약 200만 원의 이익이 발생하므로, 그 10분을 효율적으로 활용하기 위해 지하철보다 택시를 이용하는 것이다. 택시를 타고 시간을 효율적으로 활용하는 것이 이익에 더 도움이 되기 때문이다.

한편, 비행기의 경우 일등석이나 이코노미석이나 소요되는 시간이 같기 때문에 이코노미석을 타는 것이 좋다.

시간과 돈 이야기는 직원들에게 할 일이 있을 때마다 하는 편이다.

예를 들어, 나와의 약속에 10분 늦게 도착한 직원에게는

"지금 당신은 회사의 이익 200만 원을 낭비한 거에요"

라고 말한다. 제작물 점검을 의뢰받고 문자 정정 등에 10분 정도의 시간을 써버리면,

"지금 200만 원의 돈을 들여 글자를 수정한 셈입니다"

라고 말한다. 평소에는 인건비나 기회손실을 금액으로 환산해서 이야기하는 편이다.

'우리의 신조' 중에는 "생각나면 바로 실행한다"가 있다.

이 '즉시 실행의 법칙'을 알게 된 것은 리크루트에서 일할 때이다.

당시 나는 몇몇 중소기업 사장님들과 이야기를 나누면서 건방지게도 '그렇게 대단한 사람은 없구나'라고 생각했다. 대등하게 이야기할 수 있다고 생각했다.

하지만 '어, 잠깐⋯⋯'이라는 생각이 들었다.

'이 사장님들은 모두 성공했는데, 나는 그저 평범한 회사원일뿐이다. 이 차이는 무엇일까?'

어느 순간 깨달았다.

사장님에게 "이런 것을 하면 좋을 것 같아요"라고 이야기하면, 다음에 만났을 때 이미 실행하고 있는 것이다. 그리고 "이건 좋았는데, 이건 잘 안되었어"라고 말한다.

나는 말만 하고 실천을 하지 않았다. 하지만 사장님들은 그렇게 바쁘신데도 바로바로 실천하고 있었다.

나는 어떻게 그럴 수 있냐고 물어봤다.

"생각나면 바로 실천하기 때문이야. 자네랑 이야기하다가 이런 걸 하면 재미있을 것 같다고 느끼면, 자네가 돌아가는 순간에 바로 실행해. 생각나면 바로 실행으로 옮기는 습관을 들이면 역량이 늘어나게 되어있어"

그 후로 나는 생각나면 바로바로 실행하는 습관을 들였다.

그러다 보니 일의 역량이 4~5배는 늘어났다.

'즉시 실행의 법칙'은 지금도 사내 교육으로 실시하고 있다.

해야 할 일이 생겼을 때 '할 수 있는 것은 지금 당장 한다', '당장 할 수 없는 것은 언제까지 할 것인지 지금 바로 결정한다'를 습관화하는 것이다.

이 습관을 들이면 누구나 업무 처리량이 3~4배 늘어난다.

이것으로 우리 회사가 고수익을 올릴 수 있었던 비결을 아낌없이 공개했다.

이제, 당신이 '즉시 실행의 법칙'으로 실천에 옮기기만 하면 된다.

돈을 버는 기술이
최강의 기술이다!

비즈니스 불변의 법칙

도쿄대 재학 중에 창업하여

한 번의 엑시트(Exit)에 성공하고

또 다시 창업하여

연 매출 100억 원의 기업을 경영하는

저자가 알려주는

15가지 '비즈니스 불변의 법칙'

성공한 기획은 모두
집요한 관찰의 결과다!

26개의 일상적 오브제에서 피어올린
무한대의 딴생각, 단 하나의 크리에이티브!

BiC는 왜 멀쩡한 볼펜 뚜껑에 구멍을 뚫었을까?

다이슨은 어떻게 선풍기에서 날개를 제거할 수 있었을까?

전기차를 가장 잘 만드는 것도 아닌데 무엇이 테슬라를 세계 최고의 브랜드로 이끌었을까?

기획은 결국 크리에이티브이고, 크리에이티브는 당연한 세상을

낯설게 보는 것에서 시작한다!

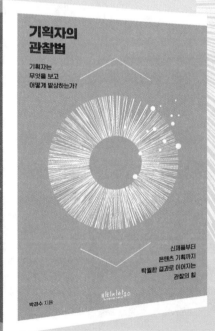

모두가 궁금했지만
아무도 묻지 못했던
부자를 향한 3개의 질문

"당신의 현재 자산은 얼마입니까?"

"처음 시작할 때 수중에 얼마가 있었습니까?"

"당신은 어떻게 부자가 되었습니까?"

죽은 원고도 살리는 업계 최고의
해결사가 취재한
총자산 2조 5,000억 원의 부자 25인의
일거수일투족.
낮에는 대기업을 다니는 평범한 생활인
이지만 밤에는 유명인들과 부자들의
책을 대필해주던 '유령작가'가
지금껏 한 번도 스스로를 드러내지 않은
'히든 리치'의 돈에 대한 철칙과
부의 축정 과정을
실시간으로 중계한다!

왜 잘나가던 주식 전문가는 사주 공부를 시작했을까?

돈과 운의 흐름을 내 것으로 만드는 내 운명 100% 사용설명서

내게 찾아올 최고의 기회를 100% 살리는 법

재테크에
성공하는 사람과
실패하는 사람의
차이
실력일까,
우연일까,
운명일까?

돈의 흐름을 내 것으로 만드는
운명 사용설명서

사주
재테크

똑같은 주식, 똑같은 부동산에 투자해도
누구는 돈을 벌고 누구는 돈을 잃는 이유는?

강병욱 지음

비티지하우스

국내 최초로 시도하는 명리학과 재테크의 융합

운의 흐름을 읽으면 재테크의 성패가 바뀐다!